MANIPULATION MENTALE

Décodez les Techniques de Manipulation et Protégez-vous Contre les Influences Psychologiques

par Dylan Black

MANIPULATION MENTALE

Décodez les Techniques de Manipulation et Protégez-vous Contre les Influences Psychologiques

par Dylan Black

© 2025 Dylan Black

Édition : BoD · Books on Demand, 31 avenue Saint-Rémy, 57600 Forbach, bod@bod.fr
Impression : Libri Plureos GmbH, Friedensallee 273, 22763 Hamburg (Allemagne)

ISBN : 978-2-8106-2979-4
Dépôt légal : Mars 2025

Sommaire

INTRODUCTION	11
CHAPITRE ON: Codes de l'Influence	13
Le Code du Charme et de l'Attractivité Spéciale	13
Vêtements (Hommes et Femmes)	17
La Bague de Mariage	21
Ongles	22
Lunettes	23
Cheveux	24
Mode, Bijoux et Accessoires	25
Hygiène	25
Parfums	26
Dents et Bouche	27
Maquillage (Cosmétiques)	27
Corps	28
Les sacs que vous portez	29
Le code de la poignée de main secrète	31
Une Stratégie Exclusive Uniquement pour Les Femmes!	46
CHAPITRE DEUX: Manipulation	51
Qu'est-ce que la manipulation?	52
Exigences pour Manipuler avec Succès	57

Comment Contrôler Les Victimes	59
Stratégies de Manipulation	69
Chantage	70
Le chantage émotionnel	71
Rabaisser l'Autre Personne	72
Le Mensonge	74
Les tenants et aboutissants de la manipulation mentale	75
CHAPTER TROIS: Contrôle Mental	**79**
Types de contrôle mental	79
Lavage de cerveau	80
CHAPITRE QUATRE: L'Hypnose	**85**
Qu'est-ce que l'hypnose?	85
Induction	89
Suggestion	92
Vulnérabilité	95
Formes	97
Hypnothérapie	98
Applications militaires	100
Auto-hypnose	101
L'hypnose de scène	102
Types d'Hypnose	103
Hypnose conventionnelle	104

Hypnose Ericksonienne	104
Technique intégrée	106
Programmation Neuro-Linguistique (PNL)	106
Ancrage PNL	107
Flash PNL	109
Re-cadrage PNL	111
Hypnose Vidéo	112
Hypnose Subliminale	114

CHAPITRE CINQ: Persuasion — **117**

CHAPITRE SIX: Tromperie — **121**

CHAPITRE SEPT: Codes du Langage Corporel — **123**

Le Code Secret des Questions	123
Code Des Styles De Communication	130
Comment persuader un leader?	134
Les Principales Caractéristiques Analytiques	136
Comment Convaincre une Personne Analytique	136
Les Principaux Traits de la Personne Sociable	138
Comment Encourager une Personne Sociable	139
Les Principaux Traits de la Personnalité Amicale	140
Comment Persuader une Personne Amicale	142

CHAPITRE HUIT: Établir des Limites pour Ne Pas Être Manipulé — **147**

Frontières personnelles: Problèmes courants auxquels vous pourriez être confronté.   159

La conformité: un problème important dans l'établissement des frontières.   161

Évitement: un problème dans l'établissement des limites   163

Contrôle: un problème dans l'établissement des limites   164

Une insensibilité: un problème dans l'établissement des limites   166

CONCLUSION   **169**

INTRODUCTION

Cela se produit trop souvent. Les personnes ayant une faible estime d'elles-mêmes se retrouvent coincées dans une relation où elles sont manipulées par leur partenaire ou parfois même par un enfant. Elles sont les cibles involontaires d'individus qui souffrent de troubles émotionnels ou de conditions psychologiques qui les poussent à adopter des comportements manipulateurs.

Le résultat de cette manipulation peut être désagréable pour les victimes, mais surtout pour les manipulateurs eux-mêmes, car ils ont du mal à maintenir des relations avec leurs proches ou leurs collègues. Les manipulateurs peuvent finir par s'isoler dans leurs tentatives de gérer une situation et nourrir leur besoin de pouvoir pour se construire. Ces personnes isolées peuvent avoir du mal à rompre le cycle, découvrant que ce dernier a tendance à s'autoalimenter.

Avec le temps, les victimes peuvent devenir sensibles à la manipulation et mettre fin à la relation. Un manipulateur peut également se retrouver à se convaincre que ses actions sont nécessaires pour son propre bien-être ou celui de la personne qu'il manipule.

Les manipulateurs ont quelques motivations principales qui peuvent être choquantes pour ceux qui en sont les proies:

- Avancer leur propre objectif et bénéfice au détriment des autres.
- Sont affamés de pouvoir et ont besoin de se sentir exceptionnels dans une relation.
- Si ce sont les dominants dans une relation à tout moment, ils sont des obsédés du contrôle et ont besoin de le ressentir.
- Ont une faible estime d'eux-mêmes et ont besoin de pouvoir sur un autre pour améliorer leur perception d'eux-mêmes.
- Vu la manipulation comme un simple jeu en raison d'une tendance psychopathique.

Si vous reconnaissez quelqu'un comme cela, soyez conscient de ses actions et des vôtres. Découvrez comment identifier les caractéristiques d'un manipulateur et comment en faire face dans votre relation.

CHAPITRE ON

Codes de l'Influence

Le Code du Charme et de l'Attractivité Spéciale

De nombreuses études ont abordé l'apparence extérieure de l'homme et son effet sur sa vie et sur les autres. Beaucoup de ces études ont révélé sans aucun doute que la personne qui possède un aspect extérieur magnifique ou charmant est davantage appréciée que les autres. De même, ces études ont montré que les humains dans leur ensemble pensent à l'apparence extérieure et y attachent de l'importance.

Une étude menée aux États-Unis, parmi les grandes universités, a montré que les étudiantes considérées comme jolies obtiennent de meilleures notes que celles qui ne sont pas perçues comme belles ou que leurs camarades masculins. Les orateurs qui sont beaux et captivants sont plus persuasifs et utiles pour leurs étudiants par rapport à ceux qui ne sont pas considérés comme beaux. Les femmes attirantes sont plus capables de persuader et de changer les opinions des clients masculins, en particulier, comparé à l'influence d'autres personnes dont l'apparence extérieure est considérée comme banale.

Une autre étude a révélé que les employés de restaurants ayant une excellente apparence physique obtiennent davantage que ceux ayant une apparence naturelle!

Mais quand cela a-t-il commencé, et comment en sommes-nous arrivés à ce niveau?

Une nouvelle étude a offert quelques exemples d'un groupe d'enfants. Elle a montré que les enfants passaient plus de temps à regarder avec étonnement les images des personnes des classes supérieures par rapport aux autres. Vous serez surpris par la grande quantité de ces études et recherches dans de nombreux domaines. Cela montre en effet que nous, en tant qu'êtres humains, aimons être entourés de personnes au physique attrayant, car nous les considérons comme plus intelligentes, plus saines, plus fiables, plus intéressantes, enthousiastes et plus riches que les autres.

Est-ce vrai? N'est-ce pas trivial? Cela signifie-t-il que si je ne suis pas beau, je dois être considéré comme une personne bête, faible et ennuyeuse? La réponse est à la fois oui et non!

Non, car les individus des classes inférieures ne sont pas nécessairement moins attirants, et en même temps, les personnes charmantes ne sont pas toujours les plus intelligentes, les plus puissantes et les plus saines!

Et oui, car c'est ce que l'esprit humain évalue. Si l'apparence extérieure est horrible, la personne n'attirera jamais beaucoup d'adoration des autres, et cela n'a rien à voir avec le fait que vous soyez né avec un joli visage ou non!

L'apparence extérieure et l'attention qu'on lui accorde sont absurdes! Des milliers de proverbes et de sagesses, tous véridiques et indiscutables, ont parlé de ce principe.

Cependant, nous ne devons pas rejeter le fait que nous aimons être avec des personnes attirantes plutôt qu'avec celles qui sont moins belles, et il n'y a aucun doute là-dessus! Par conséquent, revenons à la définition de l'apparence extérieure attirante: ce n'est pas seulement un beau visage, ni un corps magnifique. Ce ne sont pas seulement les lèvres pulpeuses, ni les gros seins féminins, ni les cheveux blonds, ni les yeux verts, et ce n'est certainement pas juste ce costume cher! C'est tout cela ensemble!

L'aspect important de ce sujet est que ces informations sont entre vos mains, et vous pouvez les modifier ou les ajouter à votre apparence extérieure quand vous le souhaitez. Elles sont à votre disposition et discrétion, et si vous n'avez pas un visage magnifique, ce n'est pas un problème! Cela n'a pas d'importance! Vous avez les méthodes secrètes que nous allons apprendre maintenant, car ces techniques comprennent comment l'esprit juge et détermine si vous êtes beau ou non. Sans ces méthodes secrètes, vous êtes dans de réelles difficultés.

L'esprit des autres est programmé pour accepter les individus attirants dans leur apparence plus que les autres, alors arrêtez de vous lamenter! Vous savez que vous êtes la personne la plus reconnue et la plus étonnante, mais nous allons ajouter l'apparence extérieure attrayante, pourquoi? Parce qu'en seulement quatre secondes, et avant que vous ne prononciez un mot, les autres décideront s'ils vous aiment ou non.

Ainsi, une apparence extérieure attrayante est un ticket pour l'acceptation initiale de toute autre personne. Obtenons-le maintenant! Et rappelez-vous que l'apparence extérieure attrayante est le moteur le plus important pour une haute estime de soi, alors nous devons l'obtenir maintenant!

Vêtements (Hommes et Femmes)

Pour être considéré comme attrayant, vous devez constamment porter les vêtements les plus appropriés pour vous; vous devez être modéré dans votre style de manière à choisir vos vêtements, sans aller trop loin au-delà de la moyenne. Les vêtements de couleurs vives sont inappropriés, et les vêtements au style unique ne sont pas acceptables;

restez dans les limites appropriées! Si vous aimez les choses différentes, vous devez arrêter cela maintenant.

Vous devez vous conformer aux limites socialement nécessaires, et cela ne restreint pas votre liberté. Mais vous ne portez pas de vêtements uniquement pour vous-même; vous les portez pour paraître mieux aux yeux des autres, comme le dit le célèbre proverbe: *"(Mange ce que tu aimes, porte et habille-toi avec ce que les autres aiment)!"*

"Vous devez toujours être 10% meilleur que ceux qui vous entourent."

Si vous allez à une réunion et que vous savez que tous ceux qui y assistent vont porter des costumes, mais sans cravate, vous porterez un costume avec une cravate. Si vous allez retrouver des amis au café, et que vous savez que tout le monde portera des jeans avec des T-shirts, vous porterez des jeans avec une chemise plus soignée pour être formel, et ainsi de suite! Vous êtes 10% meilleur que ceux qui vous entourent.

Ne vous rendez pas à une réunion où vous savez que le client va porter des jeans, par exemple, et vous y allez avec une cravate. Pourquoi? En tant qu'humains, nous aimons les personnes qui nous ressemblent dans tout. Vous ajouterez 10%, spécifiquement pour une attractivité particulière, et pour être à un niveau supérieur aux autres;

pour être dans l'état Alpha! Cela s'applique aussi bien aux femmes qu'aux hommes.

Pour les Hommes

Évitez les vêtements au design et aux couleurs exotiques, restez toujours dans la moyenne.

Portez des vêtements avec des couleurs similaires, et si vous ne savez pas comment les assortir, demandez à une des femmes autour de vous si les couleurs s'harmonisent, car les femmes sont des maîtres dans l'art d'associer les couleurs! Les cravates doivent correspondre à des couleurs et styles discrets. Évitez les cravates trop colorées, car elles reflètent un mauvais goût!

Ne portez pas de vêtements trop amples ou extrêmement serrés; vos vêtements doivent être ajustés à votre corps.

Pour les femmes

Comme mentionné ci-dessus pour les hommes.

En plus de cela, ne portez pas de vêtements scandaleux qui révèlent votre corps. Des recherches ont montré que les femmes qui portent des vêtements outrageants exposant leur corps, tels que des minijupes, reçoivent plus d'entretiens prolongés mais sont moins convaincantes auprès de l'autre partie. Oui, moi, en tant qu'homme, j'aime passer autant de temps que possible avec une femme vêtue de manière séduisante, mais je ne la prendrai jamais au sérieux, pourquoi? Parce que mon esprit répondra à la question essentielle: Pourquoi cette femme s'habille-t-elle ainsi? L'une des réponses les plus courantes est qu'elle n'a pas de confiance en elle, alors elle veut exposer son corps pour obtenir plus d'approbation extérieure; elle est facilement accessible à moindre coût.

Elle est belle, mais elle révèle son corps de manière scandaleuse! En d'autres termes, elle appelle inconsciemment à ce que vous regardiez son corps et voyiez si vous avez besoin de l'une de ses parties. Beaucoup de femmes ne savent pas, ni ne reconnaissent, que c'est la raison. En réalité, elles ne savent pas car c'est ce qui se passe en elles. Tout ce qu'elles recherchent est d'avoir l'air attirantes.

Les recherches en Europe de l'Ouest et en Amérique ont montré qu'une femme considérée comme attirante porte des vêtements plus décents! Une autre étude a montré que plus vous couvrez votre corps, plus vous obtiendrez d'affection de la part des autres. Essayez maintenant, la manière de parler changera, surtout au travail. L'attention sera davantage portée sur vos idées et vos produits ou sur tout ce que vous essayez de convaincre les autres. Essayez-le maintenant! Portez des vêtements scandaleusement révélateurs et allez à une réunion, ou rencontrez quelqu'un, et tentez de parler d'un sujet important—votre opinion sur la politique d'un pays spécifique ou des suggestions sur une théorie de la physique. Vous découvrirez que l'acceptation et l'attention des autres sur le sujet diminueront; au lieu de cela, vous trouverez que la plupart d'entre eux ne prendront jamais vos mots au sérieux. Oui, ils seront entièrement d'accord avec votre opinion et sourire, mais ils tenteront de détourner la conversation vers d'autres sujets pour développer une relation particulière, un rendez-vous ou quelque chose de plus proche du sexe, pourquoi?

Facile! C'est comme si nous montrions un film sexuel à quelqu'un, et lui demandions d'apprécier ce film, tout en commençant à discuter de l'ozone et de ses divers impacts environnementaux. Pouvez-vous imaginer comment serait la discussion?

Maintenant, la prochaine fois, portez des vêtements plus appropriés et essayez de couvrir autant que possible votre corps, puis allez à la même réunion. Lorsque vous commencerez la conversation, vous serez choqué par le style de communication en général. Vous serez étonné par la qualité de l'admiration que vous recevrez. C'est incroyable, n'est-ce pas? Les experts en persuasion sont des personnes en état

Alpha. Parce que vous êtes en état Alpha, votre corps vous appartient et ne fait pas partie d'un programme.

C'est pourquoi l'utilisation de votre corps dans les méthodes et processus de persuasion ne fonctionnera pas. Il se peut que le client achète chez vous, mais il prendra aussi une partie de votre corps, et vous avez perdu. Vous avez l'offre, mais vous avez perdu leur confiance et leur appréciation envers vous. Par conséquent, vous devez porter les bons vêtements adaptés à la réunion, avec autant de modestie que possible.

La Bague de Mariage

Femmes

Si vous portez une grande et attrayante alliance et que vous allez rencontrer une autre femme, enlevez-la immédiatement, car cela suscitera des sentiments de jalousie chez les femmes. Il faut éviter cela lors du processus de persuasion. Vous devez toujours porter une bague discrète lors de toute persuasion que vous êtes sur le point d'exécuter.

Hommes

Utilisez une bague confortable si vous êtes marié, de préférence en argent, car l'utilisation d'une bague en or donnera l'impression d'une douceur et d'une faiblesse chez l'homme aux yeux des autres, donc évitez toujours l'or!

Ongles

Dames

Si vos ongles mesurent plus de 1,2 cm, coupez-les immédiatement. Les ongles longs sont un signe terrible de vide dans votre vie.

Évitez les ongles colorés avec des couleurs exceptionnelles, en particulier le rouge intense, car c'est la couleur principalement utilisée par les prostituées, et vous n'êtes certainement pas l'une d'elles. Évitez cette couleur lorsque vous sortez rencontrer d'autres personnes ou lors d'une réunion professionnelle.

Allez toujours dans un magasin ou un salon de beauté pour tailler et nettoyer vos ongles.

Messieurs

Vous devez couper vos ongles fréquemment.

Vos ongles doivent toujours être propres et coupés de manière acceptable.

"Les experts en persuasion ont toujours des mains attrayantes et propres!"

Lunettes

Vous devez éviter de porter des lunettes autant que possible, car elles peuvent diminuer instantanément votre beauté et créer une barrière entre vous et les autres. Les gens se sentent plus à l'aise lorsqu'ils peuvent voir les yeux de l'autre personne. Essayez de vous asseoir avec un bon ami tout en portant des lunettes de soleil et commencez à lui parler, et vous découvrirez qu'il devient agité et vous demandera souvent d'enlever vos lunettes! Les lunettes sont une véritable barrière entre les gens, donc si vous pouvez porter des lentilles de contact, c'est mieux, ou si vous avez besoin de correction visuelle dans un établissement de santé, faites-le, car cela est facilement disponible dans presque tous les établissements de santé. Essayez d'utiliser des lunettes de petite taille sans monture si vous ne pouvez pas le faire! Vous pouvez porter n'importe quel type de lunettes de soleil, mais ne les utilisez pas lorsque vous êtes à l'intérieur de tout lieu, comme le font parfois certaines personnes. Évitez les imitations aveugles.

Cheveux

Pour un homme, cela varie certainement d'une culture à l'autre, mais en règle générale, essayez de garder la barbe et les moustaches propres régulièrement. Pour les femmes, il est également important de s'en occuper, certaines femmes ont des poils au-dessus de la lèvre supérieure, il faut les enlever, et il existe plusieurs façons de le faire.

Il est déconseillé de laisser des poils dans le nez et les oreilles. Éliminez-les immédiatement, car cela donne une sensation de dégoût aux autres et de manque d'hygiène.

Les cheveux de la tête doivent toujours être courts et propres pour les hommes, car des cheveux longs qui atteignent le cou peuvent signifier que les autres ne prendront jamais une personne au sérieux. Vous devez choisir entre être un expert en persuasion ou garder vos cheveux longs. Si vous souffrez de calvitie ou d'une perte de cheveux, faites-vous couper ou tailler les cheveux immédiatement. Une personne qui garde des cheveux pour cacher la calvitie a un caractère faible et manque de confiance en soi. C'est pourquoi, si vous êtes chauve, optez pour une coupe courte. Pour les femmes, il est important de toujours prendre soin de vos cheveux. Évitez d'avoir des cheveux longs, car cela donne l'impression que vous passez beaucoup de temps à la maison à prendre soin de vos cheveux. Évitez de teindre vos cheveux avec des couleurs bizarres qui ne conviennent ni à votre visage ni à votre teint. Si vous avez une silhouette ronde, essayez de faire pousser vos cheveux plus longs pour qu'ils couvrent les deux côtés de votre visage. Cela dépend de votre choix et de celui de votre coiffeur pour choisir la meilleure coupe.

Mode, Bijoux et Accessoires

Pour les hommes, vous devez éviter les bijoux de mode à l'exception de votre alliance, montre ou bague de fiançailles. Les boucles d'oreilles ou le port de pendentifs sont strictement interdits!

Pour les femmes, vous pouvez porter de petites boucles d'oreilles qui ne attirent pas trop l'attention! Évitez les bijoux de grande taille ou trop brillants, car vous n'êtes pas dans un défilé de bijoux. Vous êtes dans un processus à long terme pour convaincre les autres; par conséquent, vous pouvez porter les bijoux que vous souhaitez, tant qu'ils restent simples.

Hygiène

Vous devez être constamment propre et dégager une odeur de propreté. Prenez une douche ou un bain au moins une fois par jour.

Utilisez des déodorants autant que possible, mais évitez les déodorants parfumés. Achetez-en un sans parfum, c'est mieux!

Parfums

L'utilisation de parfums est essentielle à un niveau inattendu. À cause de votre odeur, vous pourriez perdre un contrat important, ou bien obtenir de l'approbation. L'utilisation du parfum est considérée comme un art en soi. Nous n'avons pas suffisamment de temps ici pour le décrire, mais nous allons nous concentrer sur quelques points essentiels:

Lors des entretiens de travail ou des réunions avec des personnes que vous ne connaissez pas, évitez l'utilisation de parfum; essayez plutôt de rester propre avec une odeur naturelle sans utiliser de parfum. Vous ne savez pas si votre client aime votre odeur ou s'il peut être réticent à une telle odeur. Pour cette raison, cela ne vaut pas la peine de perdre le contrat simplement à cause de votre parfum. Essayez de rester propre, et si vous devez utiliser un parfum, utilisez des parfums légers!

Lors de réunions informelles, le choix du parfum varie en fonction de l'environnement et de la nature de la réunion. En été, éloignez-vous complètement des parfums à odeur forte, tandis qu'en hiver, vous pouvez le faire, car cela reflétera une certaine chaleur dans l'esprit des autres. Pour les femmes, l'utilisation de parfums avec des odeurs inhabituelles peut diminuer le respect des autres envers vous, car cela envoie un message fort à autrui: *"S'il vous plaît! Je suis ici, regardez-moi. Vous devriez avoir une odeur chaleureuse et douce qui soit sentie uniquement par ceux qui vous entourent, mais pas par tout le monde dans la rue, alors soyez vigilante!"*

Dents et Bouche

Les dents doivent être propres et soignées, et si ce n'est pas le cas, allez chez le dentiste et faites-les réparer autant que possible, surtout si vous avez les dents jaunes. Vous devez entretenir vos dents en raison de la valeur d'un sourire attrayant qui doit être visible sur votre apparence extérieure. Pour la bouche, elle doit toujours sentir bon. Si vous fumez, vous devez toujours utiliser du chewing-gum à la menthe après avoir fumé.

Maquillage (Cosmétiques)

L'utilisation de nombreux cosmétiques réduira l'appréciation des autres envers vos opinions, quelle que soit leur nature. Vous êtes belle sans maquillage. En appliquant trop de maquillage, votre visage criera: *"Regardez-moi, je sais que mon visage est moche, mais grâce à ce magnifique maquillage, je deviens attirante, car je n'ai pas confiance en mon apparence sans lui."* Ainsi, moins vous utilisez de cosmétiques, mieux vous paraîtrez. Restez proche de votre nature, utilisez autant de cosmétiques que vous le souhaitez, mais assurez-vous d'utiliser des couleurs belles et légères, et ne transformez jamais votre visage en une œuvre de Picasso!

Corps

Le corps, c'est vous; c'est ce que les autres voient en premier avant de comprendre votre incroyable et exceptionnelle valeur intérieure! Votre corps doit toujours être en excellent état, évitez de devenir trop maigre (si vous ne souffrez pas d'une maladie particulière). Être léger pour des raisons autres qu'une maladie est la preuve d'une faiblesse de caractère et réduira votre confiance en vous. Évitez les problèmes de poids, c'est une preuve évidente de votre incapacité à vous gérer. Une personne en bonne santé se contrôle et régule son alimentation. Nous devons tous faire de l'exercice quotidiennement, ne dites pas *"je n'ai pas le temps."* Sans un corps en forme, vous ne réussirez pas. Vous perdrez confiance en vous.

Je ne dis pas que vous devez devenir un expert en culturisme. Au contraire, beaucoup de gens n'aiment pas les corps remplis de muscles énormes, mais vous devez être en forme. L'essentiel est de vous débarrasser de la graisse abdominale. Il existe de nombreux types d'exercices auxquels vous pouvez vous adonner pour réduire votre ventre. Ne vous laissez pas tromper par la facilité avec laquelle certains vendent des herbes, des recettes magiques et des appareils stupides; l'exercice idéal accompagné d'un régime approprié doit être votre priorité!

L'exercice améliorera votre circulation sanguine, apportant plus de nutriments à votre cerveau et à tous vos systèmes corporels. Cela entraînera plus d'énergie positive et de force. C'est un aspect essentiel du processus de persuasion, car vous ne pourrez pas devenir un expert en persuasion sans faire de l'exercice tous les jours, même si ce n'est que 10 minutes par jour! Commencez maintenant!

Les sacs que vous portez

Pour les hommes: il doit être de petite taille autant que possible si vous devez porter un sac. Par conséquent, tout sac contenant plus qu'un ordinateur portable n'est pas du tout appropri! Pour les femmes: si vous allez à une réunion d'organisation, portez également un petit sac à main, un sac qui peut juste contenir votre argent et quelques affaires personnelles. Les grands sacs peuvent indiquer que vous êtes une personne désorganisée, et le client va se rendre compte qu'il va souffrir en travaillant avec vous, car vous êtes désorganisé dans votre travail. Les grands sacs contenant des milliers de choses restent chez vous ou à l'extérieur de la voiture.

C'est pourquoi, lorsque nous avons discuté de l'attrait extérieur ou de l'apparence attrayante, nous ne voulions pas dire que vous devez ressembler à Brad Pitt pour devenir un spécialiste de la persuasion. L'attrait extérieur signifie toutes ces choses que nous avons abordées, qui sont considérées comme les lois d'attraction spéciales que vous avez, de sorte que l'esprit des autres dise: *"Cette personne est attrayante."*

Ainsi, ce sont quelques petits détails, mais ils sont aussi importants que vous pouvez l'imaginer pour offrir une beauté extérieure instantanée. Oubliez Hollywood et ces magazines qui disent que vous devez avoir une grande poitrine, un nez mince et des lèvres charnues; vous n'êtes pas une showgirl. Au contraire, vous êtes un expert en persuasion et en contrôle humain. Vous êtes attrayant de la manière dont l'esprit le reconnaît. N'ayez pas l'impression que vous n'êtes jamais assez beau, et que vous devez utiliser cette crème et cet émollient ou hydratant pour devenir plus attrayant et plus approprié. C'est faux, et vous le savez. Vous êtes une super personne, et vous le serez toujours. Par conséquent, vous devez agir et vous comporter comme une personne ALPHA.

Le code de la poignée de main secrète

La poignée de main a commencé parmi les gens depuis le début de l'humanité, lorsque les individus élevaient leurs mains comme un signe qu'ils ne portaient pas d'armes. Ce processus s'est développé au fil des siècles pour devenir une manière dont nous interagissons les uns avec les autres au quotidien. Lorsque nous rencontrons quelqu'un, nous lui serrons la main en signe de respect au début ou à la fin de la rencontre. Lorsque nous rencontrons une autre personne, nous lui serrons la main, et

l'aspect inhabituel de cette pratique est que, dans notre jeunesse, nous avons appris qu'il existe un certain code en nous; si quelqu'un tend la main pour serrer la vôtre, vous devez répondre. Vous serez étonné de la valeur d'un tel geste (serrer la main) dans le processus de persuasion, et même plus encore, et vous apprendrez comment vous allez exercer votre contrôle dès le départ uniquement par une poignée de main. Cependant, avant d'approfondir les méthodes et les codes, apprenons-en davantage sur les pratiques de la poignée de main et leurs significations dans l'esprit, qui est l'individu dominant? Qui est la personne supérieure?

Il existe trois formes principales de poignée de main:

1. Dominant

2. Géré

3. Égal

1. Dominant

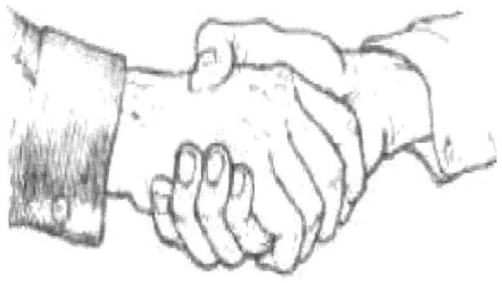

Avec cette poignée de main, vous déclarez que vous restez en contrôle et que vous êtes un individu alpha dans l'esprit de l'autre personne. Comme sur l'image ci-dessous, votre paume est dirigée vers le bas.

Grâce à cette poignée de main, vous déclarez immédiatement que vous serez en contrôle de la réunion à partir de maintenant, et l'esprit de l'autre partie le reconnaîtra instantanément. C'est par cette poignée de main que vous forcez l'autre personne à vous serrer la main, car elle est une personne bêta.

2. Géré

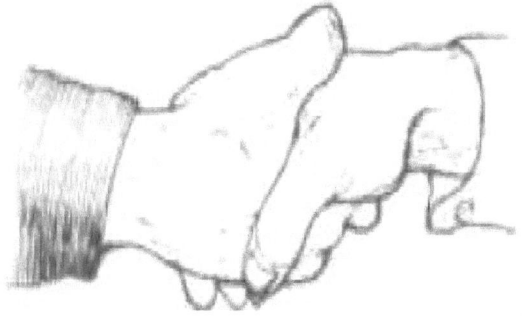

C'est ainsi que vous serrerez la main de l'autre personne comme indiqué sur l'image, où la paume est dirigée vers le haut. Là, vous dites rapidement à l'autre personne que vous êtes gérable et que vous êtes une personne bêta.

3. Égal

C'est simplement l'égalité entre les parties en termes de force et de contrôle, comme dans l'image ci-dessus. L'esprit comprendra instantanément que vous êtes tous les deux en position d'autorité, et cherchera plus d'indices en discutant entre vous pour déterminer qui est le dominant.

Maintenant, nous allons en apprendre davantage sur quelques types de poignées de main qui sont fréquemment utilisées entre les individus, comprendre leur signification dans l'esprit, et développer des techniques pour utiliser ces formes.

Hug de main (Double poignée)

Cette méthode est fréquemment utilisée par les leaders politiques, où l'individu tente de prouver à l'autre partie qu'il est sincère et digne de confiance. Cependant, vous devez faire attention lorsque vous utilisez cette technique avec quelqu'un que vous ne connaissez pas, car elle incitera son esprit à douter de la raison pour laquelle vous tentez de prouver que vous êtes fiable; le résultat sera l'inverse. *"Cette personne n'est pas digne de confiance; je dois faire attention."* Vous ne devez jamais utiliser cette technique, sauf avec des personnes que vous connaissez bien. En général, si vous n'êtes pas un homme politique cherchant à protéger vos intérêts électoraux, éloignez-vous de cette approche, mais vous pouvez l'utiliser à travers la stratégie suivante:

- **Stratégie de Signature de Contrats**

Avant que le client ne signe un contrat, vous pouvez utiliser cette méthode pour transmettre un message à son esprit: *"Cher client, vous avez pris la bonne décision parce que moi et mon produit sommes dignes de confiance"*. En effet, il se sentira plus à l'aise après cette poignée de main. Vous pouvez observer certaines occasions de réunions et de signatures de contrats où cette technique de poignée de main est utilisée.

Le Poisson Mort (Froid et Moite)

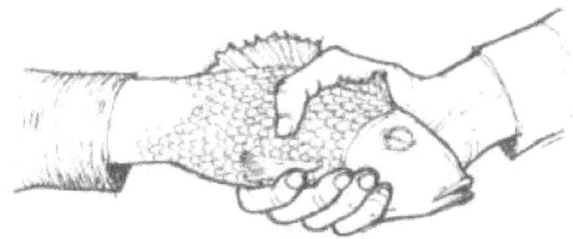

Cette poignée de main est particulière car la main de l'autre personne est totalement détendue. On pourrait comparer cela à tenir un poisson mort: il n'y a aucune force dans sa poignée de main, ce qui vous permet de contrôler aisément sa main, que ce soit vers le haut ou vers le bas. Votre esprit conclut immédiatement que cette personne manque de détermination et de caractère.

Si vous adoptez ce type de poignée de main, il est impératif de changer cela. Une poignée de main molle supprime toute possibilité de conversation constructive. Personne ne prendra vos paroles au sérieux, ni ne vous accordera de respect. Certaines femmes utilisent ce type de poignée de main pour exprimer une certaine douceur ou fragilité, mais il est crucial de comprendre que la tendresse n'implique pas la soumission. Si vous utilisez cette méthode, vous devez renforcer légèrement votre poignée de main en augmentant sa fermeté d'un ou deux niveaux. Pour déterminer la bonne intensité, entraînez-vous à la maison avec un homme et une femme. Les hommes, en particulier, ont tendance à relâcher leur prise avec les femmes pour éviter de paraître brusques. Vous devez donc évaluer la force appropriée en fonction de la capacité de l'autre personne à déplacer votre main.

Si votre interlocuteur utilise cette poignée de main dans un contexte professionnel, il est important d'être vigilant, car une interprétation erronée pourrait créer un blocage dès le départ. Si cet interlocuteur est un haut responsable tel qu'un propriétaire ou un directeur général, adaptez votre poignée de main en conséquence. Serrez la main de manière douce et délicate, sans mettre de pression excessive, mais gardez une prise légèrement ferme. Assurez-vous que les paumes restent dans une position d'égalité, ni vers le haut (indiquant la soumission) ni vers le bas (indiquant la domination). Cela permettra à son esprit d'accepter votre présence sans opposition. Cependant, si ce dirigeant adopte une poignée de main très molle, cela peut refléter un manque de fermeté dans son caractère. Dans ce cas, il est préférable de maintenir une position neutre sans chercher à dominer, tout en montrant une assurance subtile.

Si l'interlocuteur est d'un niveau hiérarchique inférieur, vous devez immédiatement affirmer votre position dominante. Placez votre main légèrement vers le bas, indiquant la dominance, et laissez sa main être orientée vers le haut, symbolisant la soumission, sans toutefois exercer une force excessive. Gardez une prise douce mais contrôlée pour établir un rapport de force subtil et faire comprendre que vous êtes l'autorité dans cette interaction.

Écrasement des os

C'est lorsqu'une grande force est exercée sur votre main par l'autre personne, comme s'il essayait d'écraser vos os. C'est une marque de fabrique de toutes les personnes fortes ou de celles qui se considèrent comme telles.

Alors, ne l'utilisez jamais avec qui que ce soit. La force de votre poignée de main doit être modérée et adaptée à la situation. Ne la laissez ni trop détendue, ni trop ferme, maintenez toujours un équilibre. Si vous êtes de l'autre côté, la meilleure façon de neutraliser la force de cette poignée est de vous rapprocher de l'autre personne, en réduisant la distance entre vous et elle, diminuant ainsi sa capacité à contrôler votre main. En agissant ainsi, elle ne pourra plus augmenter la force.

Fixez votre regard dans ses yeux, sans jamais cligner ni regarder votre main, car il tente de puiser votre force, c'est un test de domination. Vous n'appliquerez pas de force à votre main, mais vous ne perdrez pas cette confrontation. Gardez vos yeux rivés aux siens, continuez à sourire, un sourire sincère bien sûr. La douleur s'atténuera après quelques instants; ne montrez jamais cette douleur, ne baissez pas les yeux. Approchez-vous encore davantage de lui, regardez-le en face et souriez. Il s'arrêtera. Vous serez désormais à son niveau ou peut-être même au-dessus de lui, vous serez gagnant dans les deux cas.

Ne commentez pas la force de sa poignée, même pas sur le ton de l'humour. C'est terminé. Continuez ce que vous discutez de manière efficace et rapide.

La main tendue en avant

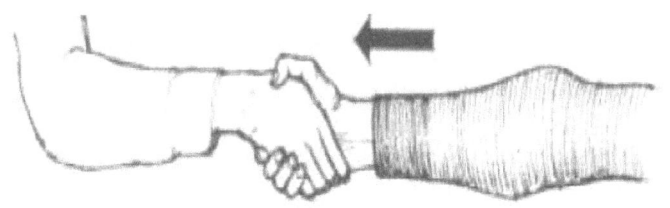

Cette personne vous dit: *"Veuillez rester à l'écart de mon espace personnel!"* Nous parlerons plus tard de l'espace personnel, comment l'identifier et comment le contrôler. Cependant, il veut que vous restiez à l'écart, et cela sera catégorisé dans votre esprit de deux façons: *"Cette personne est agressive!"* Ou cette personne manque de confiance en elle, et elle est probablement introvertie, ayant peur de s'approcher des autres!

Il y a quelque chose que vous et votre esprit devez voir. Pour les personnes vivant dans des villages éloignés des villes, leur espace personnel est plus grand que celui des personnes vivant en ville, en raison de la surpopulation et des frictions constantes en ville. Ainsi, si nous sommes des habitants de villes, nous avons tendance à nous rapprocher de la personne avec qui nous serrons la main.

En revanche, les personnes vivant en ville n'ont pas besoin de se rapprocher lorsqu'elles parlent. Avant de conclure que cette personne est introvertie ou agressive, il se peut simplement qu'elle vienne d'un milieu rural, rien de plus et absolument rien de moins.

Vous ne devez absolument jamais faire cela dans aucune circonstance. Vous avez votre espace, et personne ne doit tenter de le franchir ou de le briser. Vous ne repoussez pas les autres, et vous ne devez jamais serrer la main de cette manière.

Si vous êtes l'autre personne et que quelqu'un vous serre la main de cette manière, voici ce qui peut se passer:

Si la personne qui vous serre la main occupe un poste plus élevé dans l'entreprise, comme directeur principal ou président du conseil d'administration, vous lui serrerez la main comme nous l'avons indiqué précédemment. Vous devrez rester dans l'espace qu'il a défini, sans jamais le franchir ni le briser. Il souhaite que vous restiez à l'extérieur de cet espace, car toute intrusion dans cet espace activerait les mécanismes de rejet de son esprit, qui seraient en attente de refuser tout ce que vous diriez ou feriez.

Si la personne qui vous serre la main est un client occupant un poste inférieur à celui de manager, vous devez d'abord savoir si vous rapprocher de son espace serait bénéfique pour vous ou non. Mais comment savoir cela? Par l'inclinaison de son corps.

S'il s'incline vers vous, cela signifie qu'il vous apprécie, mais qu'il a peur de son espace personnel, donc vous devez rester à l'extérieur de celui-ci, tout en gardant votre corps droit. Ne vous penchez pas en avant vers lui. Étant donné que votre main est en position dominante, vous pouvez légèrement fléchir votre bras, ce qui obligera son avant-bras tendu à se plier, rapprochant ainsi la distance entre vous et lui. À ce moment-là, vous vous pencherez un peu vers lui et sourirez. Ce qui se passe vraiment ici, c'est que vous envoyez à son esprit le message suivant: *"Je suis dominant! Il n'y a pas de raison d'avoir peur de moi. Rapprochons-nous, vous devez suivre mes indications, et quand nous serons mieux, regardez-moi, je suis une personne fiable."*

Ici, il se sentira plus détendu et à l'aise car vous lui avez prouvé que vous êtes en contrôle, tout en étant également fiable et bienveillant.

Si son corps est incliné en arrière ou reste droit, vous devez agir comme lui. Gardez les yeux sur lui et essayez de rester à la même distance que lui, sans vous en rapprocher. Gardez votre corps droit et votre main ferme, souriez! Ne faites rien d'autre que d'affirmer votre force. Vous devez être celui qui termine la poignée de main, pas lui. Vous pouvez le faire en commençant à discuter d'autre chose et en relâchant votre main, mais attention à ne pas retirer complètement votre main. Gardez-la là, mais ouvrez vos doigts et relâchez-la silencieusement.

Nous devons finalement pratiquer pour y parvenir efficacement. Entraînez-vous plusieurs fois et vous le maîtriserez facilement, vous serez étonné de son efficacité!

En tant que femme, si la personne en face est du sexe opposé: Vous devez adopter cette dernière approche: ne pénétrez pas dans son espace et faites attention à rester éloignée, mais vous devez serrer la main en position dominante. Oui, elle souhaite vous éloigner. Cependant, vous ne devez pas entrer dans son espace, car elle ne souhaite pas que vous vous rapprochiez de son monde. Dans ce cas, son esprit vous considérera comme polie et fiable.

Si l'autre personne est un homme:

Vous devez également être prudente de ne pas vous approcher de lui. La majorité des hommes considèrent cela comme un geste de séduction et l'interprètent comme si vous les aimiez ou les appréciez. Si tel est votre objectif, alors cela n'est pas un problème. Mais si cette personne est un client ou un partenaire, soyez prudente. Vous êtes en contrôle, rappelez-vous cela.

Attraper des Doigts

Tout au long d'une poignée de main, il arrive souvent que lorsque les gens tendent leur main pour une poignée de main, ils ne tendent que les doigts par erreur, en raison du timing. En réalité, cela ne signifie pas grand-chose. Parfois, j'essaie de serrer la main de certaines personnes, surtout certaines femmes; elles ne tendent pas leur main entière sur le moment, mais seulement leurs doigts. Je dois donc prendre ses doigts et les serrer brièvement avant de les lâcher instantanément. Cela est dû à son besoin interne de garder une distance confortable pour elle. Cela est également lié aux différentes coutumes et traditions.

Beaucoup de femmes dans le monde ne serrent pas habituellement la main des hommes car elles trouvent cela gênant. Il faut donc être prudent à cet égard. Si elle ne veut pas vous serrer la main, vous devez respecter entièrement son désir.

Comprenez que beaucoup de femmes aujourd'hui trouvent humiliant de ne pas serrer la main lorsqu'un homme tend la sienne pour une poignée de main. Elle se retrouve à n'offrir que ses doigts en raison de la timidité sociale pour éviter que l'homme ne se sente gêné lorsque celui-ci tend la main et que l'autre partie ne répond pas.

Toute femme qui pense qu'elle n'a pas besoin de serrer la main d'un homme; si c'est ce que vous croyez, abstenez-vous de le faire! Vous êtes une personne ALPHA, et la société doit comprendre que vos valeurs et vos idées doivent être acceptées! Si toutes les personnes autour de vous se serrent la main, vous êtes ALPHA; ce en quoi vous croyez, vous le ferez, et tout le monde l'appréciera.

En tant qu'ALPHA, nous ne nous laissons pas emporter par la norme ou les traditions existantes, car nous sommes la norme, nous sommes ceux qui la créons, et nous sommes ceux qui la dirigeons.

Depuis le début de l'humanité, la poignée de main était réservée aux mêmes sexes. Les poignées de main entre les deux sexes étaient interdites, à l'exception du partenaire, de la mère ou de la sœur, etc.

Dans le monde d'aujourd'hui, vous devenez immédiatement beta lorsqu'un homme tend la main pour vous serrer la main, pourquoi? Parce qu'il sait que vous ne devez normalement pas lui serrer la main, mais puisque lui est dominant, vous êtes maintenant dans son monde. Vous allez tendre la main pour lui serrer la main. Si vous ne serrez pas la main des hommes, les hommes ne doivent pas le faire; cependant, vous devez le faire avec respect. Lorsque qu'un homme tend sa main pour vous serrer la main, offrez-lui un sourire et placez votre main sur votre poitrine. Cela indique que tout le monde comprend et accepte. Vous constaterez que l'homme fera immédiatement de même et posera sa main sur sa poitrine, vous êtes donc désormais dominant. Vous avez amené cette personne, même si elle est l'ALPHA du monde entier, la personne la plus influente de la planète, dans votre monde avec respect, et c'est un avantage.

Une Stratégie Exclusive Uniquement pour Les Femmes!

C'est une méthode technique à utiliser au travail; utilisez-la toujours, même si vous n'avez aucune objection à serrer la main des hommes. Vous pouvez montrer que vous êtes une personne ALPHA et que vous êtes en contrôle maintenant.

Malheureusement, les hommes peuvent s'abstenir de faire cela.

Tendre la main pour une courte distance

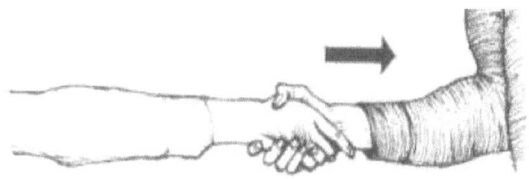

Lorsqu'une personne tend la main pour une distance trop courte, obligeant l'autre partie à étendre ou avancer sa main pour pouvoir serrer la main. C'est quelque chose que nous essayons tous de faire autant que possible, c'est-à-dire tendre légèrement la main de manière à ce que l'autre partie doive s'approcher de vous pour vous serrer la main, entrant ainsi dans votre monde. Vous êtes dominant, c'est certain.

L'utilisation des deux mains

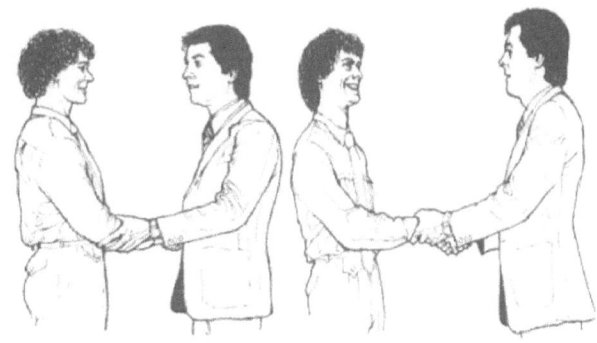

C'est fait en positionnant votre main gauche soit sur le poignet de l'autre partie, soit sur son bras inférieur gauche. Cela sera perçu dans l'esprit de celui qui serre la main de cette manière comme quelqu'un qui éprouve de nouveaux sentiments et souhaite vous les faire ressentir. Serrez la main d'une seule main n'est pas suffisant pour exprimer ce qu'il ressent et ne peut pas le communiquer à l'autre partie par des mots. Vous utilisez cette manière de faire avec quelqu'un de cher, ou avec quelqu'un que vous êtes excité de voir. Essayez de le toucher autant que possible. Utiliser cette méthode avec des inconnus est strictement interdit!

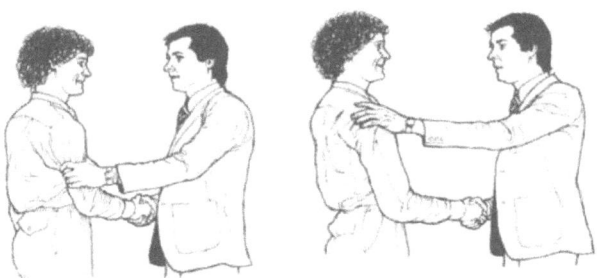

Le seul cas où vous pouvez utiliser cette méthode est si l'autre partie vous serre la main en tant qu'individu dominant ALPHA et vous tend la main. Vous devez aller lui serrer la main et suivre son mouvement. Tout ce que vous devez faire est de vous tenir à côté de lui ou de poser votre main sur son épaule ou au-dessus de son coude. En faisant cela, vous dites à son esprit: *"Bonjour ALPHA, je comprends que vous êtes ALPHA, mais c'est moi qui suis en charge ici."* Cela se produit parce que vous avez positionné votre main sur son épaule, par exemple, pendant la poignée de main.

CHAPITRE DEUX

Manipulation

La manipulation et l'hypnose sont les deux types de manipulation qui viennent rapidement à l'esprit. Bien que ces deux méthodes soient essentielles pour comprendre le fonctionnement de la manipulation et ses mécanismes, elles ne sont pas les seules options disponibles. D'autres techniques peuvent être utilisées et s'avèrent souvent plus efficaces à court terme que la manipulation ou l'hypnose. Ces tactiques spécifiques peuvent être appliquées dans des situations quotidiennes, comme lors de conversations typiques avec d'autres personnes. Bien qu'il soit peu probable qu'une personne soit manipulée pour changer ses croyances profondes lors de discussions ordinaires, elle peut être convaincue de modifier de petites choses, comme être persuadée d'acheter des cookies à une jeune fille locale ou de voter d'une certaine manière lors d'une élection.

Le point principal à retenir concernant les trois types de contrôle mental suivants est qu'ils sont susceptibles de se produire dans la vie d'une personne avec des individus qu'elle connaît et en qui elle a confiance. En effet, une personne ne va pas isoler son sujet ou le forcer à entrer dans un état d'esprit altéré, comme dans le cas du lavage de cerveau. À la place, elle utilisera diverses techniques pour modifier la façon dont son sujet pense.

Les trois types de contrôle mental qui entrent dans cette catégorie sont la persuasion, la manipulation et la tromperie.

Ce chapitre se concentrera sur la manipulation et sur la manière dont elle peut fonctionner pour modifier la façon de penser du *"sujet"*. Bien que la manipulation ne mette pas en danger immédiat la personne qui utilise cette méthode, elle peut agir de manière sournoise et détournée pour modifier les comportements, les points de vue et la perception du sujet visé concernant un sujet ou une situation particuliers.

Qu'est-ce que la manipulation?

La première question qui est souvent posée est: qu'est-ce que la manipulation? Dans ce livre, nous allons examiner la manipulation en termes de manipulation mentale, qui est un impact social visant à modifier les comportements ou la compréhension d'autrui, ou du sujet, par des techniques violentes, trompeuses ou douteuses. Le manipulateur cherchera à faire avancer ses propres intérêts, généralement au détriment d'un autre, de sorte que la plupart de ses méthodes seront perçues comme trompeuses, sournoises, violentes et exploitantes. Bien que l'influence mentale en elle-même ne soit pas toujours négative, lorsqu'un individu ou un groupe est manipulé, cela peut leur causer des dommages.

L'influence mentale, comme lorsqu'un médecin tente de convaincre ses patients d'adopter des habitudes saines, est généralement perçue comme quelque chose d'inoffensif. Il en va de même pour toute influence mentale qui respecte le droit de ceux qui sont autorisés à faire un choix et qui n'est pas indûment coercitive. D'un autre côté, si quelqu'un cherche à imposer ses volontés en utilisant des individus contre leur gré, l'influence mentale peut être nuisible.

Le contrôle émotionnel ou mental est perçu comme une forme de persuasion et de coercition. De nombreux éléments peuvent entrer dans cette forme de contrôle mental, tels que l'intimidation et le lavage de cerveau. Pour beaucoup, cela sera vu comme trompeur ou abusif.

Ceux qui choisissent d'utiliser la manipulation le feront pour contrôler le comportement de ceux qui les entourent. Le manipulateur aura un objectif en tête et surmontera de nombreux types d'abus pour forcer ceux qui l'entourent à l'aider à atteindre cet objectif. En général, le chantage émotionnel sera inclus.

Ceux qui pratiquent la manipulation utiliseront des stratégies de contrôle mental, de lavage de cerveau ou d'intimidation pour amener les autres à accomplir des tâches pour eux. Le sujet du manipulateur peut ne pas vouloir accomplir la tâche, mais il se sentira obligé en raison du chantage ou d'une autre méthode utilisée. De nombreuses personnes manipulatrices manquent de soin et de sensibilité envers les autres. Elles ne perçoivent donc pas leurs actions comme un problème.

D'autres manipulateurs souhaitent simplement atteindre leur objectif final et ne se préoccupent pas de qui est dérangé ou blessé au passage. De plus, parce qu'ils ont peur que les autres ne les acceptent pas, les personnes manipulatrices sont souvent effrayées à l'idée d'entretenir une relation saine. Quelqu'un ayant une personnalité manipulatrice ne prendra généralement pas la responsabilité de ses comportements, de ses problèmes et de sa vie. Comme ils ne peuvent pas assumer cette responsabilité, le manipulateur utilise des méthodes de manipulation pour que quelqu'un d'autre prenne en charge la responsabilité.

Les manipulateurs sont souvent capables d'utiliser les mêmes techniques que celles observées dans d'autres types de contrôle mental pour exercer l'influence qu'ils désirent sur les autres. L'une des méthodes les plus couramment utilisées est appelée chantage émotionnel. C'est lorsque le manipulateur tente d'influencer la compassion ou le regret du sujet qu'il manipule. Ces deux émotions sont choisies car elles sont considérées comme les plus nobles de toutes les émotions humaines et sont les plus susceptibles de pousser les autres à agir comme le souhaite le manipulateur. Le manipulateur pourra alors exploiter complètement le sujet, en utilisant la compassion ou le regret qu'il a suscité pour pousser les autres à se conformer ou à l'aider à atteindre son objectif final.

La plupart du temps, le manipulateur sera non seulement capable de développer ces émotions, mais il pourra aussi susciter des niveaux de compassion ou de culpabilité disproportionnés par rapport à la situation. Cela signifie qu'il pourra transformer une situation, comme le fait de manquer une fête, pour faire en sorte que le sujet pense qu'il rate un enterrement ou quelque chose de significatif.

Le chantage émotionnel n'est qu'une des techniques utilisées par les manipulateurs. Par ailleurs, une autre stratégie ayant réussi pour de nombreux manipulateurs est l'abus mental. Cette méthode est généralement adoptée dans l'espoir de créer de l'insécurité chez le sujet contrôlé; cette insécurité devient souvent tellement forte que certains sujets peuvent commencer à penser qu'ils sont en train de devenir fous. Parfois, le manipulateur utilise des comportements passifsagressifs pour engendrer des abus mentaux. Il peut aussi choisir de montrer verbalement son soutien ou son approbation du sujet, tout en envoyant des indices non verbaux qui révèlent des significations différentes. Le manipulateur essaiera souvent d'attaquer certains événements ou comportements tout en exprimant verbalement son soutien pour ces mêmes comportements. Si le manipulateur est pris sur le fait, il utilisera le déni, la validation, la rationalisation et la tromperie pour sortir de la situation.

L'un des principaux problèmes avec les manipulateurs mentaux est qu'ils ne sont pas toujours capables de reconnaître ce dont les autres autour d'eux ont besoin, et ils perdront la capacité de satisfaire ou même de prendre en compte ces besoins. Cela n'excuse pas leur comportement. En général, les besoins des autres ne sont pas reconnus ou ne sont pas une priorité pour le manipulateur, ce qui lui permet de mener des actions manipulatrices sans ressentir de culpabilité ou de pitié. Cela rend difficile la discussion et l'arrêt du comportement d'une manière logique ou de comprendre pourquoi le manipulateur doit arrêter.

De plus, le manipulateur peut se rendre compte qu'il lui est difficile de nouer des relations profondes et durables, car les personnes avec lesquelles il est seront toujours en second plan et auront du mal à lui faire confiance. Le problème va dans les deux sens lors de la formation de relations: le manipulateur ne sera pas capable de reconnaître les besoins de l'autre, tandis que l'autre ne pourra pas établir les liens émotionnels nécessaires ni faire confiance au manipulateur.

Exigences pour Manipuler avec Succès

Un manipulateur actif doit avoir des tactiques à sa disposition qui le rendront efficace pour utiliser les individus afin d'atteindre son objectif final. Bien qu'il existe plusieurs théories sur ce qui fait un manipulateur actif, nous allons examiner les trois exigences établies par George K. Simon, un auteur en psychologie pratique. Selon Simon, le manipulateur doit:

1. Être capable de dissimuler ses comportements et intentions agressifs à la victime.
2. Être prêt à identifier les vulnérabilités de sa victime ou de ses victimes pour déterminer quelles tactiques seront les plus efficaces pour atteindre ses objectifs.
3. Le cas échéant, avoir une certaine forme de cruauté afin de ne pas être influencé par des doutes qui pourraient surgir en raison des dommages causés à la victime. Ces dommages peuvent être physiques ou psychologiques.

La première exigence que le manipulateur doit accomplir afin de manipuler ses sujets avec succès est de dissimuler ses comportements et objectifs agressifs. Personne ne va rester suffisamment longtemps pour être manipulé si le manipulateur se promène en annonçant ses plans ou en agissant de manière méchante envers les autres. Au lieu de cela, le manipulateur doit être capable de cacher ses pensées aux autres et agir comme si tout était normal.

En général, ceux qui sont contrôlés ne s'en rendront pas compte, du moins pas au début. Le manipulateur sera gentil, agira comme leur ami, et peut-être les aidera avec une chose ou une autre. Au moment où la victime se rendra compte du problème, le manipulateur aura suffisamment d'informations sur elle pour la contraindre à avancer.

Ensuite, le manipulateur devra être capable d'identifier les vulnérabilités de sa victime cible. Cela les aidera à déterminer quelles techniques utiliser pour atteindre l'objectif final. Parfois, le manipulateur pourra observer subtilement la victime, tandis qu'à d'autres moments, il devra interagir avec elle avant de mettre en place le plan complet.

La troisième exigence est que le manipulateur doit être insensible. Si le manipulateur fait tout son travail puis s'inquiète de la façon dont la victime réagira à la fin, cela ne se passera pas bien. S'ils se souciaient du problème, il est peu probable qu'ils poursuivent ce plan. Le manipulateur ne se soucie absolument pas de la victime et ne se préoccupe pas des dommages, qu'ils soient physiques ou psychologiques, tant que l'objectif global est atteint.

Une des raisons pour lesquelles les manipulateurs réussissent si bien est que la victime ne se rend généralement pas compte qu'elle est contrôlée avant plus tard dans le processus. Elle pourrait penser que tout se passe bien, peut-être qu'elle se sent avoir fait un nouvel ami en la personne du manipulateur. Une fois que la victime comprend qu'elle est utilisée ou qu'elle ne souhaite plus faire partie du processus, elle est coincée. Le manipulateur pourra utiliser plusieurs méthodes différentes, y compris le chantage émotionnel, pour arriver à ses fins.

Comment Contrôler Les Victimes

Parmi les choses que le manipulateur doit être capable de réaliser pour réussir, il y a le contrôle de ses sujets. Plusieurs théories différentes sont disponibles pour expliquer comment le manipulateur sera capable de le faire. Deux des techniques qui seront discutées dans cette section incluent celles proposées par Harriet Braiker et Simon.

Harriet Braiker

Harriet Braiker est une psychologue clinicienne qui a écrit un livre de développement personnel. Dans ses écrits, elle a spécifié cinq façons fondamentales par lesquelles le manipulateur peut contrôler ses sujets. Celles-ci incluent:

- **Soutien positif**
- **Soutien négatif**
- **Soutien intermittent ou partiel**
- **Punition**
- **Apprentissage traumatique par une seule tentative**

Les deux techniques discutées incluent le soutien positif et le soutien négatif. Dans le soutien positif, le manipulateur utilisera diverses tactiques telles que la reconnaissance publique, les expressions faciales (comme un sourire ou un rire forcé), l'attention, les cadeaux, l'approbation, l'argent, des excuses excessives, une sympathie superficielle pouvant consister en des larmes de crocodile, un charme superficiel et de l'appréciation. L'objectif de ce soutien est de fournir à la personne une raison, un désir d'être votre ami.

Ils seront plus disposés à vous aider si vous offrez un cadeau ou de l'argent lorsque le moment sera venu. Ils éprouveront la sympathie nécessaire pour être de votre côté plus tard si vous pouvez les faire se sentir désolés pour vous. L'autre type de soutien qui peut être utilisé est le soutien négatif. Dans cette technique, le manipulateur retirera le sujet d'une situation négative en récompense de faire autre chose. Un exemple de ceci serait: *"Tu n'auras pas à faire tes devoirs si tu me laisses faire ça."* Chacune de ces techniques a des forces et des faiblesses spécifiques qui permettent au manipulateur d'obtenir ce qu'il veut du sujet. Souvent, le manipulateur utilisera une combinaison de différentes stratégies pour obtenir les choses essentielles qu'il désire.

Le soutien intermittent ou partiel peut également être utilisé par un manipulateur. Ce type de soutien est utilisé pour créer efficacement un environnement de doute et de peur chez le sujet. Un exemple de cela peut être observé dans les paris. Bien que le parieur puisse gagner parfois, il perdra généralement de l'argent au total, surtout s'il parie pendant longtemps. Cependant, les gains sont souvent suffisants pour que le sujet continue sur le même chemin, longtemps après qu'il ne puisse plus le faire. Le manipulateur utilisera cette technique pour offrir un soutien au sujet à des intervalles suffisants afin de maintenir le sujet sur la même voie.

La punition est une autre technique utilisée pour contrôler le sujet du manipulateur. Il existe de nombreuses actions différentes qui peuvent entrer dans cette catégorie. Elles incluent jouer le sujet, pleurer, bouder, utiliser le sentiment de regret, le chantage émotionnel, jurer, menacer, utiliser le traitement du silence, crier et harceler. L'objectif de cette technique est de faire en sorte que le sujet ait l'impression d'avoir fait quelque chose de mal. Le sujet se sentira mal et voudra réparer les choses, tombant ainsi sous le contrôle du manipulateur.

La dernière méthode que Braiker mentionne dans son travail est l'apprentissage traumatique en un seul essai. C'est là que le manipulateur explosera pour les plus petites choses dans l'espoir de conditionner ou de former le sujet à ne pas vouloir s'opposer, défier ou contrarier le manipulateur. Certaines des tactiques utilisées dans cette méthode incluent une colère explosive, des abus verbaux et d'autres comportements effrayants utilisés pour établir la suprématie et la domination sur le sujet.

Simon

Simon a également proposé une liste de stratégies que les manipulateurs devraient utiliser pour gérer efficacement leurs victimes. Certaines de ces stratégies ressemblent à celles mentionnées par Braiker, mais avec plus de détails.

Cela inclut:

- **Mentir**: Les manipulateurs sont experts dans l'art de mentir à leurs sujets. Souvent, les sujets trouvent difficile de savoir quand ils sont en train de se faire mentir. Lorsque le sujet découvre le mensonge évident, il est généralement trop tard pour y faire quoi que ce soit. La seule manière pour le sujet de s'assurer qu'il minimise ses chances de se faire mentir est de surveiller les différents types de personnalités qui sont des experts dans l'art de tromper et de mentir. Le manipulateur mentira sur tout pour parvenir à ses fins, et souvent, ses sujets n'en auront aucune idée jusqu'à ce qu'il soit bien trop tard pour agir.
- **Mensonge par omission**: Cela ressemble à la méthode ci-dessus, mais avec quelques différences subtiles. Le mensonge par omission est un peu plus subtil, car le manipulateur dira une partie de la vérité tout en cachant certains éléments essentiels qui auraient dû être exposés. Dans de nombreux cas, cela pourrait être qualifié de propagande. Le manipulateur peut dire qu'il a besoin d'emprunter de l'argent pour acheter des courses, alors qu'en réalité, il a besoin de cet argent pour acheter de la drogue ou d'autres articles interdits. Bien qu'ils aient

utilisé l'argent pour acheter des courses comme indiqué, une partie vitale a été omise. Si le sujet connaissait toute l'histoire, il aurait probablement refusé de prêter l'argent.

- **Dénégation**: Les manipulateurs sont des experts du rejet. Personne ne reconnaîtra avoir fait quelque chose de mal, même lorsque toutes les preuves pointent dans leur direction. Ils nieront toujours tout et feront souvent passer le sujet pour celui qui a tort.
- **Justification**: C'est lorsque le manipulateur invente une excuse pour se donner bonne figure. Il pourrait dire qu'il n'a agi ainsi que pour aider le sujet. Cette tactique est également liée à la stratégie de manipulation appelée *"spinning."*
- **Réduction**: Il s'agit d'une combinaison des techniques de dénégation et de rationalisation. Le manipulateur dira à tout le monde que ses actions ne sont pas aussi dangereuses ou imprudentes que le sujet le pense, ou encore que l'insulte ou la moquerie qu'il a faite n'était qu'une blague et que le sujet ne devrait pas la prendre trop au sérieux.
- **Attention sélective ou inattention**: Dans cette stratégie, le manipulateur évite de prêter attention à tout ce qui pourrait le distraire de son objectif final. Il minimisera les distractions et les

rendra insignifiantes. Un exemple pourrait être lorsque le manipulateur dit: *"Je ne veux pas en entendre parler."*

- **Détournement**: Les manipulateurs sont non seulement bons pour mentir à leurs sujets, mais aussi pour éviter de donner des réponses directes aux questions posées. Si quelqu'un leur pose une question qu'ils n'aiment pas ou voudraient savoir s'ils mentent, le manipulateur tentera de détourner la conversation vers un autre sujet. Souvent, le manipulateur donnera une réponse vague avant de changer de sujet.

- **Évasion**: Cette technique est très similaire au détournement, mais avec quelques distinctions. Le manipulateur répondra aux questions, mais en utilisant des mots étranges, des actions floues, en parlant sans fin ou en fournissant des réponses inappropriées. Il laissera le sujet avec plus de questions que de réponses lorsqu'il aura terminé.

- **Intimidation**: Le manipulateur tentera toujours de garder la victime sur la défensive pour s'assurer qu'elle reste de son côté tout au long du processus. Cela se fait souvent par des menaces voilées, implicites, indirectes ou subtiles envers le sujet.

- **Voyage de regret**: Les manipulateurs aiment utiliser le voyage de la culpabilité comme une forme d'intimidation pour amener le sujet à faire ce qu'ils veulent. Le manipulateur tentera de faire sentir à la victime qu'elle est trop égoïste, qu'elle ne se soucie pas assez du manipulateur, ou qu'elle a la vie trop facile. Cela amène la victime à se sentir coupable pour le manipulateur, la mettant dans une position soumise, nerveuse, ou pleine de doutes, ce qui facilite encore l'exploitation.

- **Humiliation**: L'objectif principal du manipulateur est de faire en sorte que le sujet se sente mal ou éprouve de la sympathie pour lui, afin que le sujet continue à soutenir le plan. Une manière dont le manipulateur y parvient est d'utiliser le sarcasme pour susciter la pitié du sujet. Cette méthode amène le sujet à se sentir indigne. Beaucoup des stratégies de honte utilisées seront subtiles et consisteront en des remarques sarcastiques subtiles, des remarques rhétoriques, un ton de voix désagréable ou un regard intense.

- **Jouer le rôle de la victime**: Peu importe ce qui se passe, le manipulateur veut toujours sembler être la victime, même s'il est en réalité celui qui contrôle. Lorsqu'il se fait passer pour une victime dans une situation ou face à un autre comportement, il suscitera la pitié, la sympathie et l'empathie. La plupart des gens ne peuvent pas supporter de voir quelqu'un souffrir, et le manipulateur trouvera facile d'amener ces mêmes personnes à se conformer à ses désirs.

- **Condamner le sujet**: C'est l'une des stratégies les plus efficaces, car elle place immédiatement le sujet en position de défense tout en dissimulant les intentions agressives du manipulateur. Le manipulateur essaiera de retourner la situation, de sorte que le sujet apparaisse comme le méchant. Le sujet cherchera alors à modifier cette vision et à revenir du côté du manipulateur, ce qui le rend facile à manipuler.

- **Rôle de serviteur**: Les manipulateurs cachent souvent leurs intentions en faisant croire que ce qu'ils font sert une cause noble. Par exemple, ils diront que la remarque désagréable sur l'apparence de quelqu'un a été faite pour aider à améliorer l'apparence de l'école. L'expression *"Je fais juste mon travail"*, pourrait également s'appliquer ici.

- **Séduction:** Les manipulateurs utilisent la séduction pour obtenir ce qu'ils veulent. Certains moyens qui entrent dans cette catégorie comprennent un soutien fort, des éloges, la beauté et les flatteries. Cela sert à faire baisser les défenses du sujet. Après un certain temps, le sujet commencera à accorder sa confiance et son engagement au manipulateur, qui les utilisera comme il le souhaite.

- **Projeter la culpabilité**: Le manipulateur passe beaucoup de temps à blâmer les autres pour les problèmes qu'il rencontre. Il est généralement difficile de savoir quand cela se produit, ce qui empêche les autres de les dénoncer.

- **Faire semblant d'être innocent**: Si le manipulateur est pris en flagrant délit, il essayera de faire croire que le mal n'a pas été intentionnel. Il pourrait même nier totalement avoir agi de la sorte. Lorsqu'il est pris, il adoptera un air de colère ou de surprise. L'objectif est de faire douter la victime de sa santé mentale et de son jugement, en faisant croire qu'elle a tort.

- **Faire semblant d'être confus**: Une autre technique que peut utiliser le manipulateur s'il est pris en flagrant délit est de jouer à l'ignorant. Il pourrait prétendre ne pas comprendre ce que le sujet lui dit. Lorsqu'une question importante lui est posée, il pourrait également feindre la confusion.

- **Brandir la colère**: Lorsque le manipulateur utilise la violence, c'est pour obtenir que le sujet se sente coupable ou compatisse pour lui. S'il le fait de la bonne manière, il pourra choquer le sujet pour le ramener à la soumission. Souvent, le manipulateur n'est pas réellement en colère, il joue simplement un rôle pour obtenir ce qu'il veut.

Comme on peut le voir, il existe de nombreux outils que le manipulateur peut utiliser pour atteindre ses objectifs finaux. Ces méthodes seront souvent utilisées de manière à ce que le sujet ne comprenne pas ce qui se passe au début, et il faudra un certain temps avant qu'il ne s'en rende compte. Une fois qu'il aura compris, le manipulateur pourra alors utiliser certaines des stratégies qui seront abordées dans la prochaine section pour maintenir le sujet sur la bonne voie. Le manipulateur est habile à combiner ces compétences pour obtenir ce qu'il veut, peu importe combien cela peut nuire à l'autre personne.

Stratégies de Manipulation

Comme mentionné précédemment, un manipulateur cherchera à atteindre son objectif final. Pour y parvenir, il utilisera tous les moyens possibles pour amener les gens à faire ce qu'il souhaite. Les cinq méthodes les plus courantes utilisées par un manipulateur pour atteindre ses objectifs finaux incluent le chantage, le chantage émotionnel, le dénigrement de l'autre personne, le mensonge et la création d'une illusion. Chacune de ces méthodes sera abordée dans les sections suivantes.

Chantage

Le chantage est la première stratégie utilisée par un manipulateur. Le chantage est considéré comme un acte impliquant des menaces injustifiées visant à obtenir un gain spécifique ou à causer une perte à la victime, à moins que la demande du manipulateur ne soit satisfaite. Il peut également être défini comme un acte de coercition impliquant des menaces de poursuites criminelles, de saisie des biens ou de l'argent de la victime, ou de causer un préjudice physique.

Ainsi, le chantage se présente davantage comme une menace, qu'elle soit physique ou émotionnelle, pour contraindre la victime à faire ce que le manipulateur désire.

Dans certains cas, le chantage est également considéré comme une forme d'extorsion. Bien que les deux notions soient parfois liées, elles présentent des différences. L'extorsion consiste à obtenir les biens personnels d'une personne par des menaces de préjudice futur si ces biens ne sont pas remis.

En revanche, le chantage repose sur des menaces visant à empêcher la victime de mener des activités légales. Parfois, ces deux actions peuvent se combiner. Une personne peut menacer quelqu'un et exiger de l'argent en échange de son silence ou pour éviter de causer un préjudice à la victime.

Le manipulateur utilise cette stratégie pour parvenir à ses fins. Il prend le temps de découvrir des informations personnelles sur sa victime, qu'il peut ensuite exploiter comme forme de chantage. Par exemple, il peut menacer de révéler un secret embarrassant ou de compromettre les chances de sa victime d'obtenir un nouvel emploi ou une promotion. Le manipulateur peut également recourir à des menaces plus graves, comme infliger des dommages physiques à la victime ou à sa famille, si elle ne se conforme pas à ses exigences.

Quelle que soit la nature du chantage, il est utilisé pour aider le manipulateur à atteindre son objectif final avec le soutien forcé de la victime.

Le chantage émotionnel

Une autre technique similaire que le manipulateur peut utiliser est connue sous le nom de chantage émotionnel. Avec cette stratégie, le manipulateur cherche à influencer la sympathie ou la culpabilité chez sa victime. Ces deux émotions sont parmi les plus fortes que les êtres humains puissent ressentir, et elles suffisent souvent à pousser la victime à agir selon les souhaits du manipulateur. Ce dernier profite de cette réalité pour obtenir ce qu'il désire, utilisant la compassion ou le regret qu'il suscite pour inciter la victime à coopérer ou à lui venir en aide.

Le degré de sympathie ou de culpabilité évoqué est souvent exagéré, rendant la victime encore plus susceptible de se sentir obligée d'aider. Le but de ce type de chantage est de jouer davantage sur les émotions de la victime. Dans le chantage traditionnel, la victime fait face à une menace, souvent en termes de préjudice physique pour elle-même ou pour un proche. Avec le chantage émotionnel, le manipulateur cherche à provoquer des émotions suffisamment puissantes pour pousser la victime à agir.

Bien que la victime puisse penser qu'elle agit de son plein gré, le manipulateur a habilement créé une situation où elle se sent moralement obligée de l'aider. De plus, le manipulateur n'hésitera pas à raviver ces émotions chaque fois que nécessaire pour maintenir son contrôle et obtenir ce qu'il veut.

Rabaisser l'Autre Personne

Il existe d'autres options à la disposition du manipulateur s'il souhaite obtenir l'aide de son sujet pour atteindre son objectif final. L'une des méthodes, qui connaît un certain succès, consiste à rabaisser leur sujet.

Dans la plupart des cas, si le manipulateur utilise des attaques verbales directes pour diminuer son sujet, il court un risque élevé de donner à celui-ci l'impression d'être personnellement attaqué. Lorsque le sujet se sent agressé, il se braque et refuse de coopérer avec le manipulateur de la manière souhaitée. Au contraire, le sujet développera une aversion pour le manipulateur et cherchera à s'en éloigner autant que possible, rendant ainsi extrêmement difficile l'atteinte de l'objectif final.

C'est pourquoi le manipulateur ne rabaissera pas son sujet de manière évidente. Il devra être plus discret et trouver une façon de le faire sans déclencher d'alertes ou donner l'impression d'une attaque. Une méthode couramment utilisée est l'humour. L'humour peut désarmer les barrières qui pourraient autrement surgir, car il fait rire et met les gens à l'aise. Le manipulateur peut ainsi transformer son insulte en une plaisanterie. Bien que l'insulte prenne la forme d'une blague, son effet sera similaire à celui d'une attaque directe, mais sans laisser de cicatrices visibles sur le sujet.

Souvent, le manipulateur dirigera son insulte vers une tierce personne pour mieux se protéger si cela lui revient plus tard. Cela lui permet de dissimuler plus facilement ses intentions tout en niant les dégâts causés. Il pourra commencer son attaque par une phrase du type:

«D'autres personnes pensent que…». Si le sujet interprète quand même que les propos le concernent, le manipulateur conclura par une formule anodine comme: «bien sûr, cela ne s'applique pas à vous».

L'objectif de l'insulte est de faire en sorte que le sujet se sente d'une manière ou d'une autre inférieur au manipulateur. Cela élève le manipulateur à un niveau supérieur et laisse le sujet avec un sentiment de manque ou d'insuffisance. Le sujet sera alors plus enclin à vouloir améliorer les choses et réparer un tort qu'il pense avoir causé.

Le Mensonge

Peu importe l'objectif final du manipulateur, mentir est quelque chose dans lequel il est un expert et qu'il fera tout le temps pour obtenir ce qu'il veut. Plusieurs types de mensonges peuvent être utilisés par le manipulateur pour l'aider à atteindre ses objectifs. L'un consiste à mentir presque constamment, et d'autres consistent à omettre des parties de la vérité de ses sujets.

Lorsque le manipulateur ment, c'est parce qu'il sait que le mensonge va améliorer son plan beaucoup plus efficacement que la vérité. Dire à quelqu'un la vérité pourrait l'empêcher de vouloir aider le manipulateur, ce qui irait totalement à l'encontre de ses stratégies. Au lieu de cela, le manipulateur mentira pour convaincre le sujet de faire quelque chose pour lui, et une fois que le sujet découvrira la tromperie, il sera trop tard pour corriger le problème.

Le manipulateur peut aussi choisir d'omettre une partie de la vérité dans les histoires qu'il raconte. Avec cette méthode, il va dire des parties de la vérité mais va garder certaines choses pour lui, ce qui pourrait empêcher les progrès qui sont faits. Ces types de mensonges peuvent être tout aussi dangereux, car il devient de plus en plus difficile de dire quelle est la réalité de l'histoire et quel est le mensonge.

Il est essentiel de comprendre que lorsque vous êtes en présence du manipulateur, tout ce qu'il vous dit peut être un mensonge. Il n'est pas une bonne idée de croire quoi que ce soit que le manipulateur dit, car il essaie simplement d'abuser de ses sujets pour atteindre son dernier objectif. Le manipulateur va faire tout ce qu'il faut, même mentir, pour obtenir ce qu'il veut, et il ne va pas le regretter. Tant qu'il obtient ce qu'il veut, il ne se soucie pas de l'impact que cela a sur le sujet ou les autres autour de lui.

Les tenants et aboutissants de la manipulation mentale

La psychologie manipulatrice reçoit une mauvaise presse dès le départ. Après tout, les mots mêmes utilisés pour l'expliquer suggèrent que vous allez manipuler quelqu'un ou quelque chose, et ce n'est généralement pas un choix populaire parmi les autres. Il y a donc plusieurs questions à aborder. Les principales sont: *"Qu'est-ce que la psychologie manipulatrice?"*, et *"Devrais-je l'utiliser?"*

En résumé, la psychologie manipulatrice est l'art d'obtenir ce que l'on veut. Les enfants sont bons à cela, mais on perd cette capacité en vieillissant – et au fur et à mesure que les autres deviennent meilleurs dans ce que nous faisons.

La psychologie manipulatrice met donc une sorte de peau autour des choses essentielles que nous faisons pour augmenter l'efficacité et minimiser le taux de détection. Et, si l'on y pense, ces deux éléments vont de pair. Si les gens ne comprennent pas que vous influencez leurs actions et leurs idées, alors vous avez plus de chances d'obtenir le résultat souhaité d'eux.

Une manière dont nous sommes manipulés en permanence est l'utilisation de la *"sagesse des foules"*. C'est un peu comme demander au public dans l'émission de quiz: *"Qui veut gagner des millions?"*. L'idée est qu'en fin de compte, la décision collective sera la meilleure.

Des sites comme Amazon utilisent cela pour nous manipuler tout le temps. Les résultats qu'ils montrent sont souvent dans l'ordre de popularité et ont généralement le plus grand nombre d'avis. Nombre de ces avis proviennent de véritables gens comme vous et moi. Mais certains peuvent être des tentatives plus sournoises pour vous inciter à acheter un produit – il n'est pas rare que certains avis soient payés. Il y a aussi eu des cas où des gens ont essayé de faire baisser le produit d'un concurrent en laissant des avis négatifs. C'est un exemple réel où la psychologie manipulatrice est utilisée régulièrement, bien que ce ne soit pas souvent cité.

Une autre utilisation courante de la psychologie manipulatrice est de la transformer en psychologie inversée. Nous l'utilisons beaucoup avec nos enfants. Par exemple, lorsque nous leur disons de manger leurs légumes, sinon ils ne grandiront pas grands et forts. Ou, de manière encore plus sournoise, lorsque nous leur disons qu'ils n'ont pas à faire quelque chose, tout en sachant qu'ils se rebelleront contre cette affirmation et feront exactement ce que nous voulions qu'ils fassent au départ.

Cette astuce fonctionne également avec les adultes, pas seulement avec les enfants. Elle est très efficace lors d'une dispute, car vous pouvez souffler et dire des choses qui obligent l'autre personne à accepter vos points de vue, même si elle ne le ferait que sous l'effet de la colère ou de la frustration.

Une méthode populaire pour utiliser ce type de psychologie manipulatrice consiste à planter l'idée dans l'esprit de quelqu'un d'autre. Cela demande un peu de préparation, mais cela fonctionne bien. Vous dites quelque chose en passant de telle manière que l'esprit de l'autre personne va s'en emparer et le retenir.

Au cours des jours ou semaines suivants, son esprit va jouer avec cette idée et, soudainement, de manière inattendue, cette personne développera l'idée que vous aviez envisagée en premier – sauf qu'elle la déclarera comme étant la sienne.

CHAPTER TROIS

Contrôle Mental

Le contrôle mental est un concept qui a captivé les individus pendant de nombreuses années. Des histoires ont été racontées par les médias et dans les films sur des groupes de personnes qui ont été endoctrinées ou hypnotisées pour faire des choses qu'elles ne feraient jamais autrement. Il existe des individus des deux côtés de la question; certains croient qu'il n'existe pas de contrôle mental, que tout cela est purement imaginaire, tandis que d'autres croient qu'ils pourraient être manipulés par le contrôle mental à tout moment.

Ce chapitre discutera de quelques-uns des différents types de contrôle mental, de leur fonctionnement et de savoir s'ils peuvent avoir une application dans la vie quotidienne.

Types de contrôle mental

L'idée du contrôle mental existe depuis plusieurs années. Si quelqu'un était capable de contrôler l'esprit des autres et de les amener à faire des choses contre leur volonté, cela a fasciné et inquiété beaucoup de gens sur ce qui pourrait se passer.

Les théories du complot sont nombreuses concernant les autorités gouvernementales et d'autres individus de pouvoir utilisant leurs compétences pour contrôler ce que font de petits groupes de personnes. Même dans certains procès, des défendeurs ont évoqué cela comme la raison pour laquelle ils ont commis des actes criminels. Malgré le drame du contrôle mental qui a été présenté dans les médias, il y a peu de compréhension des différents types de contrôle mental et de leur fonctionnement. Ce chapitre explorera un peu les types les plus courants de contrôle mental afin d'expliquer davantage ce sujet fascinant.

Bien que divers types de contrôle mental puissent être utilisés pour contrôler la victime visée, cinq d'entre eux sont les plus fréquemment mentionnés. Il s'agit du lavage de cerveau, de l'hypnose, de la tromperie, de la manipulation et de la persuasion. Ces derniers seront tous abordés ci-dessous.

Lavage de cerveau

Le lavage de cerveau est le tout premier type de contrôle mental dont il faut parler. C'est généralement le processus par lequel quelqu'un est convaincu d'abandonner les croyances qu'il avait dans le passé pour adopter de nouvelles valeurs et normes. Il existe de nombreuses façons dont cela peut être fait, bien que toutes ne soient pas considérées comme mauvaises. Par exemple, si vous venez d'un pays africain et que vous déménagez en Amérique, vous serez généralement obligé de changer vos valeurs et idéaux pour vous adapter à la nouvelle culture et aux environnements dans lesquels vous vous trouvez. D'autre part, dans les camps de concentration, lorsqu'un nouveau gouvernement dictatorial prend le pouvoir, les résidents passent souvent par un processus de lavage de cerveau pour les convaincre de suivre silencieusement.

Beaucoup de gens ont des idées fausses sur ce qu'est le lavage de cerveau. Certaines personnes ont des idées plus paranoïaques à propos de cette pratique, y compris des dispositifs de contrôle mental soutenus par le gouvernement fédéral, censés être facilement utilisés comme une télécommande. D'un autre côté, certains sceptiques ne croient pas du tout que le lavage de cerveau soit possible et considèrent que ceux qui prétendent en avoir été victimes mentent. Dans l'ensemble, la pratique du lavage de cerveau se situe quelque part entre ces deux idées.

Pendant la pratique du lavage de cerveau, le sujet est persuadé de modifier ses croyances à propos de quelque chose par une combinaison de techniques différentes. Il n'existe pas une seule technique qui soit utilisée tout au long de ce processus, il peut donc être difficile de classer cette pratique dans une petite boîte. Pour la plupart, le sujet sera séparé de tout ce qu'il connaît. À partir de là, il sera déstabilisé émotionnellement, ce qui le rendra plus réceptif avant que les nouvelles idées ne lui soient présentées. À mesure que le sujet assimile ces nouvelles informations, il sera récompensé pour avoir exprimé des idées et pensées qui soutiennent ces nouvelles conceptions. La récompense est ce qui sera utilisé pour renforcer le lavage de cerveau en cours.

Le lavage de cerveau n'est pas nouveau dans la société. Les gens utilisent ces méthodes depuis longtemps. Dans un contexte historique, les prisonniers de guerre étaient souvent soumis à un lavage de cerveau avant d'être convaincus de changer de camp. Certains des cas les plus frappants ont conduit le prisonnier à devenir un converti fervent à la nouvelle position. Ces pratiques étaient uniques à l'époque et étaient généralement imposées selon la personne qui supervisait. Avec le temps, le terme « lavage de cerveau » a été créé et de nouvelles stratégies ont été introduites pour rendre la pratique plus universelle.

Les méthodes modernes dépendent du domaine de la psychologie, étant donné que beaucoup de ces concepts ont été utilisés pour démontrer comment les gens peuvent changer d'avis par la persuasion.

De nombreuses actions accompagnent le processus de lavage de cerveau. Ce n'est pas quelque chose qui va simplement se produire lorsque vous marchez dans la rue et parlez à quelqu'un que vous venez de rencontrer. L'une des exigences principales du lavage de cerveau est que le sujet doit être maintenu en isolement. Si le sujet peut être autour d'autres personnes, il apprendra à penser normalement et le lavage de cerveau ne sera pas efficace.

Lorsque le sujet est en isolement, il passera par un processus visant à détruire son estime de soi. On lui dira que toutes les choses qu'il sait sont fausses et on le fera se sentir comme si tout ce qu'il faisait était erroné. Après des mois de ce traitement, le sujet aura l'impression d'être dans l'erreur, et la culpabilité le submergera. Une fois ce point atteint, l'agent commencera à le guider vers le nouveau système de croyances et l'identité souhaitée. Le sujet sera amené à penser que les nouvelles idées viennent de lui-même, ce qui les rendra plus susceptibles de persister.

Le processus complet de lavage de cerveau peut prendre plusieurs mois, voire des années. Ce n'est pas quelque chose qui va se produire lors d'une simple conversation, et dans la plupart des cas, cela ne pourra pas avoir lieu en dehors des camps de prisonniers et de quelques cas isolés.

La plupart du temps, ceux qui subissent un lavage de cerveau l'ont fait lorsque quelqu'un essaie de les persuader d'un nouveau point de vue. Par exemple, si vous êtes en dispute avec un ami et qu'il vous convainc que ses idées ont du sens, vous avez techniquement traversé un lavage de cerveau. Bien sûr, cela peut ne pas être malveillant, et vous avez pu considérer tout cela de manière logique, mais vous avez quand même été incité à changer les croyances que vous aviez auparavant. Il est rare qu'une personne subisse un vrai lavage de cerveau, où son système de valeurs entier est remplacé. Cela se produira généralement lors du processus de changement de point de vue, que les techniques utilisées soient persuasives ou non.

CHAPITRE QUATRE

L'Hypnose

Bien que le lavage de cerveau soit une forme largement connue de contrôle mental et de manipulation dont beaucoup de gens ont entendu parler, l'hypnose est également un type important qui mérite d'être considéré. Pour la plupart, ceux qui connaissent l'hypnose en entendent parler en voyant des programmes sur scène où des participants accomplissent des actes insensés. Bien qu'il s'agisse d'un type d'hypnose, il y a bien plus à cela. Ce chapitre va se concentrer davantage sur l'hypnose en tant que forme de contrôle mental et de manipulation.

Qu'est-ce que l'hypnose?

Pour commencer, voici la définition de l'hypnose. Selon les experts, l'hypnose est considérée comme un état de conscience impliquant une attention concentrée, ainsi qu'une prise de conscience périphérique réduite, caractérisée par une capacité accrue du participant à répondre aux suggestions qui lui sont faites. Cela signifie que la personne entre dans un état d'esprit différent et sera plus encline à suivre les idées proposées par l'hypnothérapeute.

Il est généralement reconnu que deux théories expliquent ce qui se passe pendant l'hypnose. La première est appelée la théorie de l'état modifié. Ceux qui suivent cette théorie considèrent que l'hypnose ressemble à un état de transe ou un état mental modifié, où le participant percevra sa conscience de manière différente de son état normal de vigilance. L'autre théorie est celle des théories non-statiques. Les partisans de cette théorie ne croient pas que ceux qui subissent l'hypnose entrent dans un état de conscience différent. Au contraire, la personne collabore avec l'hypnotiseur pour adopter une sorte de jeu de rôle imaginaire.

Pendant l'hypnose, on pense que le participant possède une concentration et une focalisation accrues, associées à une nouvelle capacité à se concentrer de manière très intense sur un souvenir ou une pensée particulière. Au cours de ce processus, l'individu peut également éliminer d'autres sources de distraction. Les sujets hypnotisés montrent une capacité accrue à réagir aux suggestions qui leur sont faites, surtout lorsque ces idées proviennent de l'hypnothérapeute. Le processus utilisé pour amener une personne à l'hypnose est appelé induction hypnotique et consiste en une série de recommandations et d'instructions qui servent à préparer la personne.

Les experts ont plusieurs idées concernant ce que signifie l'hypnose. Les nombreuses définitions de l'hypnose proviennent du fait qu'il existe de nombreuses situations impliquant l'hypnose, et que chaque expérience de l'hypnose est différente.

Voici quelques définitions de l'hypnose par des spécialistes:

1. *"Un cas particulier de régression psychologique"*, Michael Nash.
2. Ernest Hilgard et Janet Hilgard ont écrit en profondeur sur l'hypnose et l'ont décrite comme un moyen pour le corps de se dissocier de lui-même à un autre niveau de conscience.
3. Sarbin et Coe, deux psychologues sociaux bien connus, utilisent le terme *"théorie du rôle"* pour expliquer l'hypnose. Selon cette définition, le participant joue le rôle d'une personne hypnotisée. Il agit comme s'il était hypnotisé, plutôt que d'être réellement dans cet état.
4. Selon T.X. Barber, l'hypnose est définie en fonction de différents critères comportementaux non hypnotiques. Selon cette définition, l'individu spécifie la motivation de son travail et

étiquette la situation dans laquelle il se trouve comme de l'hypnose, car il n'a rien d'autre à y associer.

5. Weitzenhoffer a écrit dans certains de ses travaux antérieurs sur l'hypnose. Il considérait l'hypnose comme un état de suggestibilité accrue. Dans des travaux plus récents, il a défini l'acte d'hypnose comme *"une forme d'influence d'une personne appliquée à une autre par le biais ou la firme de suggestion."*

6. Brenman et Gill ont utilisé le principe psychanalytique de *"régression au service de l'ego"* pour aider à décrire ce qu'est l'hypnose. Selon cette définition, le participant souhaite entrer en hypnose et dans cet état modifié car cela soutient son ego et lui procure un sentiment de bien-être.

7. Selon Edmonston, une personne ayant subi l'hypnose est simplement dans un état de relaxation profonde.

8. Spiegel et Spiegel ont affirmé que l'hypnose n'est guère quelque chose qui se produit en raison de la capacité biologique du participant.

9. Erickson mentionne que l'hypnose est un état transformé, dirigé vers l'intérieur, et unique. L'individu est toujours capable d'agir et est conscient de ce qui l'entoure; cependant, il se trouve dans un état modifié par rapport à son état normal.

Il existe diverses opinions et déclarations sur l'hypnose. Certaines personnes croient que l'hypnose est réelle et sont paranoïaques à l'idée que le gouvernement fédéral et d'autres personnes autour d'elles essaient de contrôler leur esprit. D'autres ne croient pas du tout à l'hypnose et pensent qu'il s'agit simplement d'une tromperie. L'idée de l'hypnose en tant que contrôle mental se situe quelque part entre ces deux opinions.

Il existe trois étapes de l'hypnose reconnues par la communauté psychologique. Ces trois étapes comprennent l'induction, l'idée et la vulnérabilité. Chacune d'elles est très importante dans le processus d'hypnose et sera discutée ci-dessous.

Induction

La première phase de l'hypnose est l'induction. Avant que l'individu ne passe par l'hypnose complète, il sera présenté à la stratégie d'induction hypnotique. Pendant de nombreuses années, on croyait que cette méthode était utilisée pour plonger le sujet dans sa transe hypnotique. Mais cette définition a évolué de nos jours. Certains théoriciens non-statiques perçoivent cette phase un peu différemment. Ils considèrent plutôt cette phase comme la méthode permettant d'augmenter les attentes des participants quant à ce qui va se passer, de définir le rôle qu'ils vont jouer, de concentrer leur attention dans la bonne direction et de réaliser toutes les autres actions nécessaires pour orienter l'individu dans la direction idéale pour l'hypnose.

Plusieurs méthodes d'induction peuvent être utilisées pendant l'hypnose. Les plus célèbres et populaires sont la méthode de *"fixation des yeux"* de Braid, ou *"Braidisme"*. Il existe quelques variations de cette méthode, y compris l'Échelle de Susceptibilité Hypnotique de Stanford (SHSS). Cette échelle est l'outil le plus utilisé pour la recherche dans le domaine de l'hypnose.

Pour utiliser les techniques d'induction de Braid, il faut suivre plusieurs étapes. La première consiste à prendre n'importe quel objet intense, comme un boîtier de montre, et à le tenir entre le pouce et l'index de la main gauche. Vous devrez tenir cet objet à environ 20 à 40 cm des yeux de la personne. Il faut tenir l'objet légèrement au-dessus du front pour exercer une pression sur les paupières et les yeux tout au long du processus, afin que le participant puisse fixer l'objet en permanence.

L'hypnotiseur doit ensuite expliquer à la personne qu'elle doit garder ses yeux fixés sur l'objet en continu. Le patient devra également concentrer son esprit entièrement sur l'idée de cet objet spécifique. Il ne doit pas penser à d'autres choses ou laisser ses yeux et son esprit vagabonder, sinon le processus échouera.

Après un bref moment, les yeux de l'individu commenceront à se dilater. Avec un peu plus de temps, le participant commencera à adopter un mouvement ondulant. Ils seront en transe si le participant ferme involontairement ses paupières lorsque les index et le majeur de la main droite sont déplacés des yeux vers l'objet. Si ce n'est pas le cas, l'individu devra recommencer.

Assurez-vous de faire savoir à la personne qu'elle doit laisser ses yeux se fermer, puis ramener les doigts dans un mouvement similaire vers les yeux. Cela permettra au patient d'entrer dans l'état modifié de conscience, appelé hypnose.

Bien que Braid ait attendu l'application de sa méthode, il reconnaissait que l'utilisation de la méthode d'induction hypnotique n'était pas toujours nécessaire dans chaque cas. Les chercheurs modernes ont souvent constaté que la méthode d'induction n'était pas aussi cruciale pour les effets de l'idée hypnotique que ce qui était précédemment cru. Avec le temps, d'autres alternatives et variations de la méthode originale d'induction hypnotique ont été développées, bien que la méthode de Braid soit toujours considérée comme la meilleure.

Suggestion

La phase suivante de l'hypnose est la phase de suggestion. Lorsque l'hypnose a été décrite pour la première fois par James Braid, le terme de suggestion n'était pas utilisé. Au lieu de cela, Braid désignait cette phase comme l'acte de concentrer l'esprit du participant sur une idée centrale et dominante. Ce que Braid faisait était de stimuler ou de diminuer le fonctionnement physiologique des zones du corps du participant. Plus tard, Braid commença à accorder de plus en plus d'importance à l'utilisation de différentes formes de suggestion non verbale et verbale pour amener l'individu dans l'état hypnotique. Cela incluait l'utilisation de *"suggestions de veille"* ainsi que de l'auto-hypnose. Un autre hypnotiseur bien connu, Hippolyte Bernheim, a continué de déplacer l'accent du processus physique de l'hypnose vers le processus mental, qui contenait des suggestions verbales.

Selon Bernheim, l'hypnothérapie est l'induction d'un état psychique étrange, ce qui augmentera la réceptivité de la suggestion chez l'individu. En général, disait-il, l'état hypnotique induit facilitera la suggestion, bien que cela ne soit pas nécessaire pour amorcer la réceptivité au départ.

L'hypnothérapie moderne utilise de nombreuses formes différentes de suggestions pour réussir, telles que des métaphores, des insinuations, des suggestions non verbales ou indirectes, des suggestions verbales directes, et d'autres figures de style et pensées non verbales. Certaines des suggestions non verbales qui peuvent être utilisées pendant la phase de suggestion incluent la manipulation physique, la tonalité de la voix et les images mentales.

Une distinction importante dans les types de suggestions que l'on peut donner au participant réside dans celles qui sont données avec consentement et celles qui sont plus autoritaires.

Un autre aspect à prendre en compte en ce qui concerne l'hypnose est la distinction entre l'esprit inconscient et l'esprit conscient. De nombreux thérapeutes considèrent la phase de suggestion comme un moyen de communiquer avec les nombreuses parties de l'esprit conscient du sujet. D'autres dans le domaine voient l'interaction comme ayant lieu entre l'agent et l'esprit inconscient.

Les défenseurs de la première classe de pensée, dont Bernheim, Braid et d'autres leaders de l'ère victorienne, croyaient que les suggestions étaient adressées directement à la partie consciente de l'esprit du sujet, plutôt qu'à la partie inconsciente. Braid va même plus loin et définit en fait l'hypnothérapie comme l'attention concentrée sur la suggestion ou l'idée dominante. La crainte des gens que les thérapeutes puissent pénétrer dans leur inconscient et leur faire croire des choses qu'ils ne contrôlent pas est forte, selon ceux qui suivent cette ligne de pensée.

La nature de l'esprit a également déterminé les différentes conceptions de la suggestion. Ceux qui croient que les actions données passent par l'esprit inconscient, comme dans le cas de Milton Erickson, citent des exemples d'utilisation de suggestions indirectes. Beaucoup de ces suggestions indirectes, comme les métaphores ou les histoires, dissimulent leur signification souhaitée pour la masquer à l'esprit conscient du sujet.

Une suggestion subliminale est une forme d'hypnose qui repose entièrement sur la théorie de l'esprit inconscient; si l'esprit inconscient n'était pas utilisé en hypnose, ce type de suggestion ne serait pas possible. Les différences entre les deux groupes sont assez simples à reconnaître; ceux qui croient que les suggestions s'adressent principalement à l'esprit conscient utiliseront des instructions verbales directes et des suggestions. Ceux qui croient que les suggestions s'adressent principalement à l'esprit inconscient utiliseront des histoires et des métaphores avec des significations cachées.

Dans l'une ou l'autre de ces théories de la suggestion, l'individu devra être capable de se concentrer sur un objet ou une idée. Cela lui permettra d'être dirigé dans la direction nécessaire pour entrer dans l'état hypnotique. Une fois que la phase de suggestion est terminée, le participant peut passer à la troisième phase, la vulnérabilité.

Vulnérabilité

Au fil du temps, il a été observé que les individus réagissent de manière différente à l'hypnose. Certaines personnes découvrent qu'elles peuvent entrer en transe hypnotique relativement rapidement et n'ont pas besoin de fournir beaucoup d'effort pour le processus. D'autres peuvent trouver qu'elles peuvent entrer dans la transe hypnotique, mais seulement après une période prolongée et avec un certain effort. D'autres encore découvriront qu'elles sont incapables d'entrer dans la transe hypnotique, et même après des efforts soutenus, elles n'atteindront pas leurs objectifs. Une chose que les chercheurs ont trouvée intrigante concernant la vulnérabilité des participants est que cet aspect reste constant. Si vous pouvez rapidement entrer dans un état hypnotique, il est probable que vous continuerez à le faire de la même manière pour le reste de votre vie. En revanche, si vous avez constamment eu des difficultés à atteindre l'état hypnotique et n'avez jamais été hypnotisé, il est probable que vous ne le serez jamais.

Plusieurs modèles différents ont été développés au fil du temps pour tenter de déterminer la susceptibilité des participants à l'hypnose.

Certaines des anciennes échelles de profondeur visaient à présumer à quel niveau de transe hypnotique le participant se trouvait en fonction des signes observables disponibles. Cela incluait des éléments tels que l'amnésie spontanée. Certaines échelles plus modernes cherchent à mesurer le degré de réceptivité auto-évaluée ou observée aux tests de suggestions spécifiques qui sont proposés, comme les suggestions directes de rigidité du bras.

Selon les recherches menées par Deirdre Barrett, il existe deux types de sujets considérés comme susceptibles aux effets de l'hypnothérapie. Ces deux groupes comprennent les dissociés et les fantasistes.

Les fantasistes obtiendront un score élevé sur les échelles d'absorption, peuvent facilement ignorer les stimuli du monde réel sans utiliser l'hypnose, passent beaucoup de leur temps à rêver éveillés, avaient des amis imaginaires lorsqu'ils étaient enfants. De plus, ils ont grandi dans un environnement où le jeu imaginaire était encouragé.

De l'autre côté, on trouve les dissociés. Ce groupe provient souvent d'un passé de traumatisme ou de maltraitance infantile, a trouvé des moyens d'oublier les événements désagréables restés dans leur passé et peut s'échapper dans un état de frissons; si une personne de ce groupe rêve éveillé, c'est plutôt en allant dans un état de *"vide"* plutôt qu'en développant des fantasmes. Ces deux groupes ont obtenu des scores élevés aux tests de susceptibilité hypnotique. Les deux groupes ayant les taux les plus élevés de suggestibilité hypnotique incluent ceux souffrant de stress post-traumatique et de trouble dissociatif de l'identité.

Formes

L'hypnose, en tant que domaine et idée, existe depuis très longtemps. En raison de cela, différentes formes ont émergé pour mettre le processus hypnotique à bon usage. Les différentes formes d'utilisation de l'hypnose traversent de nombreux domaines tels que le divertissement, l'amélioration personnelle, les usages militaires et médicaux. D'autres domaines qui ont récemment commencé à utiliser l'hypnose incluent la réadaptation, la physiothérapie, l'éducation, le sport et la criminologie. Même les artistes ont commencé à utiliser l'hypnose pour atteindre des objectifs créatifs spécifiques. Cela est particulièrement évident avec André Breton, un artiste surréaliste qui a utilisé l'hypnose parmi d'autres stratégies pour ses objectifs artistiques. L'un des usages croissants de l'hypnose se trouve dans le domaine de l'amélioration personnelle; de nombreuses personnes ont choisi de pratiquer l'auto-hypnose pour les aider à perdre du poids, réduire le stress et arrêter de fumer.

Les sections suivantes aborderont différents domaines où l'hypnose se développe et comment le processus hypnotique fonctionne dans ces domaines.

Hypnothérapie

L'hypnothérapie est l'utilisation de l'hypnose en tant que forme de psychothérapie. Elle est utilisée comme une méthode pour aider le client ou le sujet à surmonter des problèmes désagréables qui les affectent, notamment lorsque d'autres méthodes d'autodiscipline ne sont pas efficaces. Les psychologues et médecins certifiés peuvent pratiquer une forme d'hypnothérapie sur des clients préparés pour les aider à traiter le stress post-traumatique, le jeu compulsif, les troubles du sommeil, les troubles alimentaires, l'anxiété et la dépression.

Il est également possible de consulter un hypnothérapeute certifié pour vous aider à traiter des problèmes tels que la gestion du poids et l'arrêt du tabac. Si vous consultez un hypnothérapeute agréé, il est important de noter qu'il n'est pas psychologue ni médecin, il pourra donc uniquement vous aider à atteindre l'état hypnotique et non à traiter vos conditions plus graves. Vous devez vous assurer que la personne avec laquelle vous travaillez est certifiée pour vous fournir ces services, que vous choisissiez un hypnothérapeute ou un médecin.

Le processus d'hypnothérapie a été observé sous diverses formes dans l'histoire moderne. Toutes ont eu des degrés de succès variables, en fonction du problème traité et des individus.

Certaines des formes qui ont été utilisées incluent:

1. **Hypnothérapie Cognitivo-Comportementale:** il s'agit d'une combinaison de l'hypnose scientifique avec divers aspects de la Thérapie Cognitivo-Comportementale.
2. **Hypnoanalyse:** il s'agit également d'une hypnothérapie de régression de l'âge:
    a. Hypnose pour aider à gérer les inquiétudes et les peurs
    b. Hypnothérapie Ericksonienne
3. **Hypnothérapie:**
    a. Pour aider avec les addictions
    b. Pour aider à contrôler les habitudes
    c. Pour aider à la gestion de la douleur chez ceux qui souffrent de douleurs chroniques
    d. Pour aider dans la thérapie mentale que le client suit actuellement
    e. Pour aider à la relaxation
    f. Pour aider avec les maladies de la peau

g. Pour aider à apaiser les clients nerveux à l'idée de subir une intervention chirurgicale
h. Pour aider à la performance des athlètes avant les compétitions
i. Pour aider à la perte de poids.

Applications militaires

En plus d'aider les personnes confrontées à divers problèmes de santé et de dépendance, les individus se sont longtemps demandé si les responsables gouvernementaux et militaires avaient utilisé l'hypnose pour modifier la façon dont les citoyens perçoivent les choses. Jusqu'à présent, il y a eu peu de preuves indiquant que l'armée américaine ait utilisé l'hypnose pour atteindre ses objectifs. Un dossier déclassifié obtenu grâce à la loi sur la liberté de l'information montre récemment que le processus d'hypnose a été étudié pour des applications militaires. Malgré les recherches menées, l'étude a conclu qu'il n'y avait pas de preuve que l'hypnose soit bénéfique dans un contexte militaire. De plus, il n'y avait aucune preuve claire indiquant que l'hypnose soit un phénomène réel en dehors des suggestions subjectives, de la grande inspiration et des suggestions raisonnables.

Le dossier décrit également comment il serait presque impossible d'utiliser l'hypnose dans une application militaire.

Il déclare: *"L'utilisation de l'hypnose dans le domaine du renseignement poserait des problèmes techniques spécifiques qui ne se rencontrent pas dans un environnement hospitalier ou en laboratoire pour obtenir la conformité d'une source résistante. Par exemple, il serait nécessaire d'hypnotiser la source dans des conditions fondamentalement hostiles. Il n'existe aucune preuve compétente, spéculative ou scientifique, que cela puisse être fait."*

Le document explique qu'il a été difficile d'étudier les impacts et l'application de l'hypnose dans un contexte militaire. Personne ne peut dire avec certitude si l'hypnose est un état unique avec des réactions conditionnées ou simplement une forme de suggestion résultant de la relation favorable entre le sujet et l'hypnothérapeute.

Auto-hypnose

Il y a des situations, comme lorsqu'un hypnothérapeute qualifié ou un autre professionnel n'est pas disponible, où vous pourriez décider d'utiliser le processus de l'auto-hypnose. Ce processus se produit lorsqu'un individu peut s'hypnotiser lui-même, souvent en utilisant la technique de l'autosuggestion. L'utilisation principale de cette technique est l'amélioration personnelle, et de nombreuses personnes la pratiquent pour réduire leur niveau de stress, arrêter de fumer ou trouver l'inspiration nécessaire pour suivre un régime.

Alors que certaines personnes peuvent être capables de s'auto-hypnotiser, beaucoup découvrent qu'elles ont besoin d'une sorte d'aide pour atteindre cet état transformé. Cela peut inclure des enregistrements hypnotiques ou même des dispositifs électroniques pour les aider à atteindre cet état. D'autres domaines dans lesquels vous pourriez utiliser l'auto-hypnose incluent votre bien-être physique général, la relaxation et surmonter le trac avant de monter sur scène.

L'hypnose de scène

Lorsqu'une personne pense à l'hypnose, elle pense souvent à l'hypnose de scène. Il s'agit d'un type de divertissement qui se déroule dans un théâtre ou un club devant un public. L'hypnotiseur est souvent présenté comme un excellent showman, ce qui contribue à renforcer l'idée que l'hypnose est entièrement liée au contrôle de l'esprit. Au début de l'acte, le thérapeute essaiera de mettre l'ensemble du public dans un état modifié avant de sélectionner certaines personnes qui répondent aux critères pour monter sur scène et réaliser divers actes gênants. Pendant ce temps, le reste du groupe regarde.

On ne sait pas pourquoi l'hypnose de scène est si efficace, bien qu'il soit souvent considéré comme un mélange de tromperie, de techniques de scène, de contrôle physique, de suggestibilité, du choix des participants et d'aspects mentaux. Pour beaucoup, les experts estiment que le participant joue le jeu avec l'hypnotiseur et offre un bon spectacle. Ces personnes peuvent vouloir cela parce qu'elles souhaitent être au centre de l'attention, la pression de plaire aux autres et l'excuse de contrevenir à leurs inhibitions de peur facilitent la réalisation des actions. Certains des livres écrits par d'anciens thérapeutes de scène renforcent l'idée de fraude et de tromperie, et certains sont entièrement composés de fausses hypnoses où des chuchotements privés ont été utilisés tout au long de la séance.

Types d'Hypnose

Il existe de nombreux types d'hypnose auxquels le sujet peut se soumettre. Chacun d'entre eux fonctionne de manière légèrement différente, et certains sont conçus pour aider à résoudre des problèmes spécifiques. Certains peuvent être plus adaptés pour aider le sujet à se détendre, tandis que d'autres peuvent être plus efficaces pour la gestion du poids ou de la douleur. Cette section abordera plus en détail les différents types d'hypnose disponibles.

Hypnose conventionnelle

Le type d'hypnose le plus couramment utilisé est appelé hypnose conventionnelle. Au cours de ce processus, l'hypnotiseur fait simplement des suggestions directement à l'inconscient du sujet. Ce type d'hypnose fonctionne le mieux sur un sujet qui est connu pour accepter ce qu'on lui dit et qui ne pose pas beaucoup de questions. Vous passerez par le processus de l'hypnose conventionnelle si vous consultez un hypnotiseur certifié ou si vous achetez un enregistrement pour faire de l'auto-hypnose, car cela ne nécessite pas beaucoup d'expérience ni de formation pour apprendre à le faire. C'est pourquoi ce type d'hypnose est si populaire. L'hypnothérapeute n'a qu'à rédiger un script simple et dire au sujet ce qu'il doit faire. Bien que cette méthode fonctionne très bien pour ceux qui acceptent ce qui se passe autour d'eux, elle est inefficace pour ceux qui réfléchissent de manière critique et analytique.

Hypnose Ericksonienne

Le type d'hypnose suivant à discuter est l'Hypnose Ericksonienne. Cette méthode est un peu plus approfondie car elle nécessite l'utilisation de métaphores et de petites histoires. Ces métaphores sont utilisées pour transmettre les concepts et suggestions nécessaires à l'inconscient du sujet. Bien que cette technique nécessite un peu d'expérience et de formation pour être utilisée, elle est une approche efficace et puissante. La raison pour laquelle elle fonctionne si bien est qu'elle peut éliminer la résistance et l'obstruction que le sujet pourrait avoir envers les suggestions.

Deux types principaux de métaphores sont souvent utilisés dans ce type d'hypnose: la métaphore isomorphique et la métaphore d'interpénétration. Pour la métaphore d'interpénétration, la commande décrite a été intégrée dans l'histoire et ne serait pas facilement perçue par le sujet à l'extérieur de son inconscient. L'autre type, la métaphore isomorphique, est un peu plus familier et donne des instructions à l'inconscient simplement en présentant une histoire au sujet, qui offrira une morale à la fin. L'inconscient pourra établir une relation directe entre les éléments de l'histoire et ceux qui sont liés au comportement ou à la situation problématique.

Un exemple de métaphore isomorphique est l'histoire du *"Garçon qui criait au loup"*. De nombreux parents utilisent cette histoire pour enseigner à leurs enfants la valeur de l'honnêteté, surtout si leur enfant ment fréquemment. Après avoir entendu l'histoire, l'inconscient du sujet établira un parallèle entre les mensonges et le garçon de l'histoire. Il comprendra que mentir pourrait entraîner des conséquences graves, et cette prise de conscience pourrait l'encourager à arrêter de mentir pour éviter un désastre.

Technique intégrée

Un autre type d'hypnose est appelé la technique intégrée. Pendant ce processus, l'hypnothérapeute raconte une histoire fascinante au sujet. Cette histoire est conçue pour distraire et engager l'esprit conscient du sujet. Elle contient également des suggestions indirectes dissimulées dans l'histoire, qui seront acceptées par l'inconscient du sujet. À travers cette histoire, le thérapeute utilisera des instructions de processus pour guider l'inconscient du sujet vers le souvenir nécessaire. Ce souvenir est généralement une expérience d'apprentissage pertinente du passé. L'hypnotiseur pourra ensuite utiliser cette expérience pour aider le sujet à effectuer des changements dans son présent.

Programmation Neuro-Linguistique (PNL)

Avec la Programmation Neuro-Linguistique ou PNL, les hypnothérapeutes disposent d'une large gamme de techniques qu'ils peuvent utiliser dans le processus d'hypnose. En utilisant la PNL, l'hypnothérapeute pourra exploiter les mêmes schémas de pensée qui créent le problème chez le sujet. Cela permet de gagner beaucoup de temps par rapport à la procédure de suggestion. Les schémas de pensée associés au stress ou à l'appétit excessif seront utilisés pour aider à résoudre le problème du sujet. Si elle est pratiquée par un hypnothérapeute ou un psychologue certifié, la PNL peut être très utile. Il existe plusieurs types de programmes de PNL utilisés par les hypnothérapeutes, parmi les plus courants on trouve l'ancrage PNL, le flash PNL et le recadrage PNL.

Ancrage PNL

Le tout premier type de PNL dont il sera question est l'ancrage PNL. Une excellente façon de comprendre comment l'ancrage fonctionne est de penser à une vieille chanson que vous connaissez. Avez-vous déjà été dans une voiture et entendu une chanson que vous n'aviez pas écoutée depuis longtemps? Cette chanson a-t-elle déclenché une sensation particulière qui provenait du passé? La première fois que vous avez écouté cette chanson, ou à un moment donné lorsque vous l'avez réécoutée, vous ressentiez ces émotions, et l'esprit inconscient a associé ces sensations à cette chanson particulière. Grâce à ce processus, la chanson devient l'ancre de ces émotions. Maintenant, chaque fois que vous entendez cette chanson, vous déclencherez dans votre esprit ces mêmes sensations à nouveau. C'est un excellent exemple d'ancrage.

De nombreux hypnothérapeutes ont découvert que l'ancrage est une technique bénéfique pour les aider à hypnotiser leurs sujets. Par exemple, si vous avez un souvenir d'avoir été récompensé pour avoir fait quelque chose de bien dans le passé, le thérapeute pourra accéder à ce souvenir spécifique et vous aider à recréer les sensations que vous ressentiez à ce moment-là. Le thérapeute vous demandera de faire certains gestes, comme toucher deux doigts pendant la séance. Maintenant, chaque fois que vous touchez vos doigts ensemble, vous ressentirez à nouveau ces mêmes sensations de bonheur.

Le processus d'ancrage peut être utilisé pour vous encourager à atteindre un objectif en associant des sensations agréables à celui-ci. Cette technique est principalement utilisée pour aider les individus à trouver la motivation nécessaire pour suivre un régime alimentaire et perdre du poids. L'hypnotiseur travaillera avec le sujet pour créer une ancre positive liée à l'image mentale du sujet. Dans ce cas, il s'agira du sujet qui se voit dans un corps mince et attrayant. Lorsque le sujet se représente cette image à nouveau, il activera l'ancre et obtiendra la motivation positive dont il a besoin.

Il existe une augmentation significative de la motivation à perdre du poids chez ceux qui suivent une hypnose par rapport à ceux qui ne la suivent pas. Le processus d'ancrage peut être utilisé dans une variété de situations différentes pour aider à l'amélioration personnelle des individus.

Flash PNL

Le Flash PNL est un autre type d'hypnose considéré comme extrêmement puissant et effectué par un spécialiste certifié. Il est généralement utilisé pour modifier les pensées et les sensations dans l'esprit inconscient du sujet. Cela peut être une excellente méthode pour aider ceux qui ressentent un stress chronique ou qui sont dépendants d'une substance. Dans ce processus, le thérapeute va modifier les sensations du sujet: au lieu qu'un acte particulier apporte du plaisir, cet acte commencera à provoquer de l'inconfort, ou si une action particulière génère du stress, elle apportera au contraire de la relaxation au sujet. Une personne qui est dépendante d'une substance, comme les cigarettes ou l'alcool, ressentira du plaisir et du bonheur lorsqu'elle consomme cette substance.

Grâce à la technique du Flash PNL, ces sensations seront inversées, entraînant une sensation de douleur ou d'inconfort lorsque le sujet consomme la substance. Cela peut les aider à surmonter leur dépendance plus efficacement.

Les personnes qui traversent beaucoup de stress ont également trouvé que la technique du Flash PNL fonctionne bien pour elles. Lorsqu'une personne ressent un stress chronique, elle peut avoir des difficultés à contrôler sa pression artérielle et ses sautes d'humeur, se sentant souvent mal à l'aise. Étant donné que le stress est si difficile à supporter pour le corps, de nombreux clients sont prêts à passer par l'hypnose Flash PNL pour les aider à se détendre. Avec cette méthode, le sujet va identifier ses déclencheurs de stress et les rediriger, de sorte que ces déclencheurs commencent à libérer des sensations de relaxation dans son esprit.

Cette méthode s'est avérée efficace pour éliminer les comportements conditionnés dans l'esprit du sujet. Un exemple en est le fait de fumer. Si vous êtes un fumeur qui aime fumer une cigarette en buvant un café le matin, votre esprit inconscient va commencer à associer ces deux habitudes. Cela signifie que le sujet ressentira l'envie de fumer chaque fois qu'il boit un café, surtout le matin. Lorsque le sujet passe par la méthode Flash PNL, il apprendra à dissocier ces deux événements. Cela permet au fumeur de boire un café sans avoir également l'envie de fumer en même temps. Cela rend la méthode encore plus efficace pour arrêter de fumer.

Re-cadrage PNL

La troisième forme de PNL utilisée en hypnose est connue sous le nom de Re-cadrage PNL. Cette stratégie est puissante car elle fonctionne très bien pour aider le sujet à changer son comportement. Pour ce processus, l'hypnotiseur doit comprendre qu'il existe un gain secondaire ou un résultat positif qui est atteint par chaque habitude qu'une personne adopte. Le résultat qui découle du comportement est important, car c'est la raison pour laquelle le sujet agit de cette manière. Quelle que soit l'importance du résultat, le comportement adopté pour atteindre ce résultat n'est pas aussi crucial.

Lors du processus de re-cadrage, l'hypnothérapeute travaille pour dialoguer et raisonner avec l'esprit inconscient du sujet. L'objectif est de lui faire prendre la responsabilité d'initier un nouveau comportement qui soit efficace et accessible pour obtenir le gain secondaire souhaité. Pendant que ce processus se déroule dans l'esprit, le nouveau comportement deviendra acceptable pour le sujet dans son esprit conscient. Par exemple, si une personne a l'habitude de manger lorsqu'elle est triste pour se sentir mieux, l'hypnotiseur va utiliser cette technique pour enseigner à l'inconscient à faire une autre activité. L'acte de manger peut être remplacé par de l'exercice physique ou la lecture d'un bon livre, ce qui aide le sujet à perdre du poids, manger plus sainement et se sentir mieux en général.

Hypnose Vidéo

Alors que les autres types d'hypnose ont été populaires pour aider les sujets à éliminer leurs problèmes et à changer leur manière de penser pour mener une vie meilleure, de nouvelles formes d'hypnose continuent d'être développées.

L'une des formes les plus récentes d'hypnothérapie développées est l'hypnose vidéo. Ce type est utilisé par des méthodes commerciales afin que les gens puissent les acheter et les utiliser à leur convenance. Les techniques utilisées dans certaines marques d'hypnose vidéo sont également basées sur la technologie de la Programmation Neuro-Linguistique (PNL) mentionnée précédemment. Cela signifie que la méthode d'hypnose vidéo fonctionne en fonction des processus de pensée existants du sujet, plutôt que d'utiliser des suggestions hypnotiques comme dans les méthodes traditionnelles. La raison pour laquelle l'hypnose vidéo a augmenté est que plus de 70% des gens ont découvert qu'ils apprennent plus facilement et plus rapidement lorsqu'ils voient des choses par rapport à lorsqu'ils entendent simplement les informations. L'esprit du sujet apprendra automatiquement, au niveau conscient, à modifier les sentiments qu'il ressent ainsi que ses associations visuelles tout en regardant les vidéos visuelles proposées.

Bien qu'il existe plusieurs types de programmes d'hypnose vidéo disponibles, Neuro-VISION est l'un des plus populaires, car il a été développé en utilisant certaines des meilleures techniques du secteur. Ce type de méthode vidéo fonctionne pour entraîner l'esprit inconscient du sujet à travers des optiques numériques, qui sont un processus de simulation haute technologie sur l'ordinateur. Cela libérera le sujet de ses tensions, impulsions et obsessions. Grâce à ce processus, le fumeur découvrira qu'arrêter de fumer est facile, le régime perdra son appétit et ceux qui ressentent du stress commenceront à se détendre davantage. Il faudra généralement au moins quelques séances d'hypnose vidéo pour voir des résultats, bien que certains constatent qu'une seule séance commence à montrer certains des problèmes qu'ils souhaitent résoudre.

Hypnose Subliminale

Le dernier type d'hypnose abordé est l'hypnose subliminale. Elle consiste à écouter un enregistrement comportant deux pistes: une piste sonore de couverture, comme des sons de la nature ou de la musique, perçue par l'esprit conscient, et une autre piste contenant des suggestions destinées à l'esprit inconscient. Ces suggestions sont répétées tout au long de la séance.

Les programmes subliminaux peuvent être diffusés pendant que vous travaillez, regardez la télévision ou effectuez d'autres tâches. Vous n'avez pas besoin d'interrompre ce que vous faites pour bénéficier de l'hypnose. Cependant, des recherches montrent que l'hypnose subliminale n'est pas aussi efficace que d'autres méthodes, comme la PNL ou l'hypnose traditionnelle. Il peut être nécessaire d'écouter des messages subliminaux pendant de nombreuses heures pour qu'ils aient un effet, et dans certains cas, ils peuvent ne pas fonctionner du tout. Certains psychologues estiment que les messages subliminaux ne sont efficaces que lorsqu'ils sont combinés avec d'autres formes de thérapie, comme des éléments visuels.

Contrairement aux idées reçues, l'hypnose n'est pas un outil pour contrôler l'esprit de participants non consentants. Si le sujet n'est pas ouvert à l'hypnose, il est pratiquement impossible de l'amener à un état de transe. L'objectif principal de l'hypnose est d'aider les individus à améliorer leur vie, que ce soit par la gestion du poids, l'arrêt du tabac, la gestion de la douleur ou d'autres problèmes de santé. La technique la plus efficace dépend des besoins individuels et de l'expertise du professionnel qui guide le processus.

CHAPITRE CINQ

Persuasion

La persuasion est une autre forme de contrôle mental qui s'aligne sur la manipulation en ce qu'elle vise à influencer les comportements, les motivations, les intentions, les attitudes et les croyances du sujet. Il existe plusieurs raisons pour lesquelles la persuasion peut être utilisée dans la vie quotidienne, et souvent, elle constitue une forme nécessaire de communication pour amener des individus ayant des idées différentes à un consensus commun.

Dans le domaine des affaires, le processus de persuasion est employé pour modifier l'attitude d'une personne à l'égard d'un produit, d'une idée ou d'un événement en cours. Pendant ce processus, des mots écrits ou parlés sont utilisés pour transmettre des pensées, des sentiments ou des informations à l'autre personne.

Une autre situation où la persuasion peut être utilisée est pour satisfaire un intérêt personnel. Cela inclut, par exemple, la plaidoirie dans un procès, la présentation d'un argumentaire de vente ou une campagne électorale. Bien que ces pratiques ne soient généralement pas considérées comme malveillantes, elles sont néanmoins employées pour influencer l'auditeur à penser ou à agir d'une certaine manière. Une analyse de la persuasion suggère qu'elle exploite des ressources personnelles ou positionnelles pour modifier les attitudes ou les comportements des autres. Plusieurs formes de persuasion sont reconnues: le processus de modification des croyances ou des attitudes en s'appuyant sur des routines ou des émotions est appelé persuasion heuristique, tandis que celui qui repose sur la raison et la logique est désigné comme persuasion systématique.

La persuasion est une forme de contrôle mental omniprésente dans la société. Lorsque vous discutez de politique avec quelqu'un, vous pouvez essayer de le convaincre d'adopter le même point de vue que vous. Lorsque vous écoutez une campagne politique, on vous incite à voter d'une certaine manière. Une grande quantité de persuasion intervient lorsqu'on tente de vous vendre un nouveau produit. Ce type de contrôle mental est si courant que beaucoup de gens ne réalisent même pas qu'ils en sont la cible. Le problème surgit lorsque quelqu'un prend le temps de vous convaincre d'accepter des idéaux ou des valeurs qui ne correspondent pas à votre système de valeurs.

Différentes formes de persuasion existent. Elles n'ont pas toutes une intention malveillante, mais elles cherchent toutes à amener le sujet à changer d'avis sur quelque chose. Par exemple, lorsqu'un candidat politique apparaît à la télévision, il tente de convaincre l'électeur de voter d'une certaine manière le jour des élections.

Lorsqu'une publicité télévisée ou en ligne cherche à vous inciter à acheter un produit, il s'agit également d'une forme de persuasion. Toutes ces pratiques sont des exemples de persuasion visant à influencer la manière dont le sujet perçoit ou réfléchit à une situation donnée.

CHAPITRE SIX

Tromperie

Enfin, la tromperie est également considérée comme une forme de contrôle mental en raison de l'effet qu'elle peut avoir sur le sujet. La tromperie est utilisée pour implanter chez le sujet des croyances concernant des situations et des choses qui ne sont tout simplement pas vraies, qu'il s'agisse de mensonges complets ou partiels.

La tromperie peut inclure une variété de pratiques telles que la propagande, la dissimulation, le camouflage, la diversion et la manipulation. Ce type de contrôle mental est particulièrement dangereux car le sujet ne se rend souvent pas compte qu'il en est victime. Il croit fermement à quelque chose qui est faux, voire totalement opposé à la réalité. Cela devient encore plus périlleux lorsque la tromperie dissimule des informations qui pourraient protéger ou sécuriser le sujet.

La tromperie est souvent observée dans les relations et engendre généralement des sentiments de méfiance et de trahison entre les partenaires. Lorsqu'une tromperie se produit, elle constitue une violation des règles relationnelles, ce qui peut rendre difficile la reconstruction de la confiance pendant une longue période. Cela est particulièrement destructeur car la plupart des individus ont l'habitude de faire confiance à leur entourage, en particulier à leurs partenaires ou amis proches, et s'attendent à ce qu'ils soient honnêtes avec eux. Découvrir qu'une personne proche les a trompés peut entraîner une méfiance généralisée envers les autres et un sentiment d'insécurité qu'ils n'avaient pas auparavant.

La tromperie peut causer de nombreux problèmes dans une relation ou entre un agent et un sujet. Une fois qu'il découvre la tromperie, le sujet peut avoir de grandes difficultés à faire confiance à l'agent à l'avenir. Parfois, la tromperie est utilisée dans l'intention de préserver la relation, comme lorsqu'une personne omet de révéler une information pour ne pas blesser son conjoint. Cependant, il arrive aussi que la tromperie soit plus nuisible ou malveillante, par exemple lorsqu'un agent cache des informations importantes au sujet ou ment sur son identité ou ses actions.

Quelle que soit la forme de tromperie déployée, la plupart des gens s'accordent à dire qu'elle est néfaste et ne devrait pas être pratiquée.

CHAPITRE SEPT

Codes du Langage Corporel

Le Code Secret des Questions

Comment saurez-vous ce que les autres pensent, ce qu'ils recherchent, et comment obtenir une image claire du chemin à suivre dans le processus de persuasion?

Il existe une réponse à chaque question, et cette règle est un principe: on l'appelle une réponse pour chaque problème.

Malheureusement, certains vendeurs, bien que dotés d'une capacité exceptionnelle à parler, passent leurs réunions à parler sans interruption, fournissant toujours plus de détails. Parfois, cela fonctionne, mais souvent, ils échouent. En effet, beaucoup pensent que le vendeur doit parler sans s'arrêter, mais c'est totalement faux. Vous parlez, le client écoute, et vous repartez de la réunion sans la moindre idée de ce que le client voulait réellement.

Technique: *"La Question":* Cette stratégie permet une recherche approfondie dans les méandres de l'esprit de l'autre partie afin d'obtenir une image claire de la manière d'approcher et de persuader cette personne. Comment obtenir cette image? Oui, cela se fait grâce à une question. C'est pourquoi il s'agit simplement de poser autant de questions que possible. Voici comment mettre en œuvre cette méthode. Dorénavant, vous commencerez toute discussion avec quelqu'un par des questions. Ne parlez pas de vous-même; commencez simplement en posant des questions de manière constante. Nous examinerons sur quoi porteront ces questions.

Imaginons que vous souhaitiez convaincre quelqu'un d'acheter votre produit et que vous disposiez de seulement 10 minutes. Si vous êtes une personne ordinaire, vous commencerez immédiatement à parler de votre produit, en répétant plusieurs fois à quel point il est formidable et efficace, et ainsi de suite. La probabilité que le client achète ce produit sera d'environ 50%.

Si vous êtes un expert dans la science de la persuasion, comme vous le deviendrez plus tard, vous consacrerez les 6 premières minutes à écouter votre client après chaque question posée. Ensuite, vous parlerez de votre produit pendant 2 minutes, en fonction de ses réponses. Vous signerez le contrat, recevrez le paiement et livrerez le produit dans les deux dernières minutes. Le taux de réussite sera de 90%.

Dans toute discussion, à partir de maintenant, nous diviserons le temps en sections:

- 60% du temps seront dédiés à mieux comprendre l'autre partie en utilisant plusieurs stratégies, notamment des questions. Nous apprendrons en particulier quand entrer, où terminer, et d'où sortir. Nous tracerons une carte de l'autre individu pour collecter des informations à son sujet et comprendre comment interagir avec lui/elle.
- 30% du temps seront consacrés à la persuasion.
- Les 10% restants serviront à conclure la discussion.

Apprenons-en davantage sur cette technique:

Les questions utilisées par l'expert en persuasion incluent:

1. Identifier les valeurs et les besoins principaux.
2. Déterminer l'orientation de la conversation.
3. Comprendre le système interne de prise de décision.
4. Identifier les éléments de rejet et clarifier.

"Les gens ne comprennent pas ce en quoi ils croient et ne savent pas pourquoi ils y croient!"

Par conséquent, nous utilisons des questions pour clarifier les valeurs, croyances et opinions afin de mieux comprendre l'autre partie et gérer la discussion de manière plus efficace. Saviez-vous qu'il est impossible de poser une question sans obtenir une réponse? Même si l'autre personne ne parle pas, elle y répondra avec son esprit et son langage corporel.

Maintenant, je vais vous laisser avec cette discussion qui m'est arrivée lors d'une réunion. Réfléchissez profondément et avec créativité, et je souhaite que vous vous concentriez sur la manière dont les questions ont été posées et comment j'ai réussi à trouver la pièce d'or de l'information, le secret pour convaincre ce client d'acheter mon produit.

Client: Laissez-moi réfléchir!

Moi: Bien sûr, vous avez besoin de réfléchir à ce sujet; cependant, qu'est-ce qui vous empêche de prendre une décision maintenant? Est-ce le poids de l'entreprise que je représente?

Client: Non, bien sûr que non. Je suis convaincu que votre entreprise est l'une des plus influentes dans ce domaine. Mais j'ai besoin de temps pour réfléchir!

Moi: Donc, ce serait notre service qui ne vous plaît pas?

Client: Bien sûr que non, j'aime beaucoup votre service. C'est un excellent service, et nous en avons besoin. Je vous ai dit que j'ai besoin de temps pour réfléchir à toutes les possibilités.

(Remarquez ici comment je fais en sorte que le client révèle qu'il veut le service, et qu'il s'agit d'un excellent service - Adhérence au principe de la loi.)

Moi: Parlons-nous ici des paiements mensuels et des coûts?

Client: Oui, en réalité, je pense que je dois réfléchir à la manière dont je peux gérer ces paiements.

Moi: Combien pensez-vous précisément pouvoir payer chaque mois ?

Client: Je pense que nous pourrons fournir environ 800 $ par mois.

Moi: C'est magnifique. Cependant, vous avez besoin de ce service, et comme je l'ai dit, vous en avez besoin maintenant. (Il ne l'a pas dit - injection de faux souvenirs.)

Client: Oui, nous en avons besoin, mais les paiements...

Moi: Donc, nous parlons de 860 $ par mois. Pensez-vous que votre besoin de ce service vous permettra d'économiser 30 $ par jour pour l'obtenir?

Client: Haha, je ne pense pas que cela soit si difficile, c'est sûr!

Moi: Que pensez-vous de signer la commande maintenant, afin que je puisse programmer le service pour vous dès aujourd'hui en revenant au bureau? Ainsi, vous pourrez en bénéficier dès demain!

Avez-vous vu ce qui s'est passé?

Si je n'étais pas un expert en persuasion, avec la sagesse de comprendre les questions et leur utilisation, je n'aurais pas pu changer le cours de cette discussion. Je n'aurais pas été capable de faire passer la décision du client de *"Laissez-moi y réfléchir"* (et dans 80% des cas, cela signifie qu'il n'achètera pas) à *"Je ne pense pas que cela soit difficile"*. J'ai posé des questions sur les raisons du refus, question après question, jusqu'à ce que je parvienne au résultat et que je réussisse à signer un contrat.

Ainsi, les questions dirigent la conversation et orientent dans la direction que vous devez suivre. Cependant, dans certains cas, des questions irréalistes peuvent ne pas vous mener au résultat souhaité, lorsque l'autre partie est émotionnellement attachée à son opinion.

Par exemple:

- Vous parlez à une femme dans un café pour la convaincre que vous êtes une personne sympathique et qu'elle devrait prendre un café avec vous. Logiquement, elle est convaincue, mais elle refuse votre demande parce qu'elle est émotionnellement liée à quelqu'un d'autre.
- Vous parlez à quelqu'un pour vendre votre voiture luxueuse et magnifique, et il refuse de l'acheter parce qu'il souhaite absolument une Porsche et rien d'autre. Logiquement, vous pouvez lui démontrer que votre voiture est le meilleur choix pour lui, mais il est émotionnellement attaché à autre chose.

Parfois, vous pouvez changer le point de vue de quelqu'un; cependant, dans la plupart des cas, vous ne pourrez pas atteindre un résultat satisfaisant pour les deux parties.

C'est pourquoi vous devez poser des questions encore et encore, jusqu'à bien connaître l'autre partie: savoir comment elle pense, agit et réagit, ce qu'elle désire et ce qu'elle apprécie.

Dans les codes suivants, nous donnerons de nombreux exemples, y compris le tracé de la feuille de route vers l'autre partie à travers des questions. Cependant, je préfère les mentionner dès maintenant.

Code Des Styles De Communication

Comment les autres parlent-ils? Qu'est-ce que cela signifie? Comment s'expriment-ils ou se comportent-ils? Cela n'a peut-être pas d'importance pour tout le monde, mais, en tant que professionnel de la persuasion, cela doit vous intéresser. Vous devez comprendre qui est l'autre personne.

Comme vous le savez, il est souvent plus simple de regrouper les gens dans des catégories appropriées. En réalité, c'est une tâche complexe, car chaque individu est unique dans sa personnalité et son style de communication. Cependant, nous partageons tous certaines qualités communes, et en tant que spécialiste de la persuasion, je peux identifier jusqu'à 70% de la personnalité de mon interlocuteur, parfois même jusqu'à 100%, ou dans certains cas seulement 1%. Ce qui importe, c'est que je ne sais jamais à l'avance qui se trouvera en face de moi lors d'une réunion ou d'un déjeuner professionnel. Il pourrait falloir des années pour développer une relation ou un lien.

Mais, en réalité, je n'ai besoin que de points essentiels pour comprendre à quel groupe appartient une personne, afin de déterminer la manière la plus appropriée d'interagir avec elle pour obtenir son approbation.

Bien sûr, comme je l'ai mentionné, il est impossible de faire passer un test de personnalité à chaque individu que vous souhaitez comprendre. Cependant, nous pouvons apprendre l'essentiel, ce qui nous permettra d'adapter nos techniques de communication pour mieux correspondre à nos interlocuteurs.

Selon les experts en psychologie, les personnalités humaines se divisent en quatre grands types:

- Leader
- Analytique
- Sociable
- Amical(e)

Tout le monde appartient à l'un de ces groupes. Beaucoup possèdent une personnalité de leader. D'autres se distinguent par leur amitié, et beaucoup peuvent avoir un mélange de ceci et de cela. Cependant, personne ne se trouve en dehors de ces groupes. Avant d'en savoir plus sur les qualités spécifiques de chacun de ces quatre groupes, il est important de comprendre qu'il n'existe personne qui soit uniquement un leader ou uniquement un expert. Préférablement, chacun possède un mélange de tous ces attributs à différents degrés et pourcentages.

Tout ce que nous avons à faire, c'est d'avoir une courte conversation avec cette personne avant de commencer à parler de ce que nous souhaitons faire pour l'encourager. Nous devons identifier lequel de ces groupes a une plus grande influence sur son caractère. Ce code est fascinant! Car vous commencerez par vous voir vous-même: où vous êtes, qui vous êtes. Ensuite, vous découvrirez vos amis, votre employeur au travail, vous verrez où se situe votre conjoint, et après cela, nous apprendrons comment convaincre tout le monde à travers ces groupes.

Le Leader, les principales qualités de cette personne sont:

- Ne perd pas de temps.
- Désire des résultats à tout prix.
- Toujours en charge.
- Lorsqu'il/elle est responsable du travail, il/elle veille à ce que celui-ci se termine avec des résultats positifs et satisfaisants.
- Toujours confiant(e) en lui-même / elle-même.
- Indépendant(e) dans sa façon de penser.
- Apprécie les défis.
- Prend des décisions rapidement et immédiatement.

- Attends de tout le monde qu'ils s'investissent avec toutes leurs capacités.
- Est considéré(e) comme faisant partie du groupe le plus antagoniste par rapport aux autres groupes.
- Développe son univers autour de lui/elle et prend plaisir à en avoir le contrôle.
- Désire que tout le monde connaisse ses réalisations.
- Pense rapidement.
- Prend des décisions sur la base des informations disponibles à ce moment précis.
- Réussit dans tout travail tant qu'il/elle est en charge.
- Attend de tout le monde qu'ils soient ponctuels et prête attention à ceux qui ne le sont pas.
- Vous le/la trouverez à des postes tels que Président du Conseil d'Administration, superviseur d'une entreprise ou superviseur d'un groupe.

Comment persuader un leader?

Voici la méthode:

En réalité, un leader est le type de personne le plus facile à persuader, mais il est essentiel de lui présenter les détails dans un ordre différent pour obtenir les meilleurs résultats:

- Étant donné que le leader prend des décisions rapidement et immédiatement sur la base des informations disponibles, votre discours doit être rapide et inclure uniquement les informations essentielles.

- Vous devez être prêt(e) à parler vite.
- Vous devez aller droit au but sans introductions.
- Vous devez lui dire ce que fait le produit que vous proposez ou quelle est l'idée que vous voulez lui transmettre. Faites-le rapidement.
- Évitez complètement les informations inutiles, car il/elle n'en a pas besoin. Rappelez-vous qu'il/elle prend des décisions sur la base des informations dont il/elle dispose déjà.
- Comme il/elle n'a pas de temps à perdre, vous devez être bref/bref dans votre discussion.

- Il/elle cherche à obtenir des résultats. Vous devez donc lui expliquer ce qui arrivera s'il/elle utilise votre produit dès maintenant: quels sont les avantages qu'il/elle en tirera?
- Vous devez constamment conclure votre intervention en lui offrant deux options pour qu'il/elle en choisisse une, par exemple: *"Préférez-vous avoir une réunion dimanche ou jeudi prochain?"*

Pour cette raison, voici les éléments clés sur lesquels vous devez structurer et concevoir votre discours pour persuader un leader.

Imaginez maintenant que vous deviez rencontrer un chef d'entreprise ou un président du conseil d'administration d'une grande société pour fixer une date de réunion la semaine prochaine. Cette personne est en train de quitter son bureau, se dirige vers sa voiture, et vous avez moins d'une minute pour obtenir son accord. Prenez une feuille de papier et notez 5 ou 6 phrases pour le/la persuader qu'il/elle doit vous rencontrer, car il/elle a besoin de ce que vous vendez. Une fois ces phrases écrites, sortez votre téléphone portable, démarrez le chronomètre et commencez à parler comme si vous vous adressiez à cette personne. Regardez le chronomètre: vous n'avez qu'une minute! Pensez-vous avoir réussi à persuader?

Les Principales Caractéristiques Analytiques

- Réfléchit toujours de manière rationnelle
- Recherche la logique dans tout ce qu'il/elle voit
- Lent(e) à prendre des décisions
- Se prépare continuellement avant de parler
- Cherche à atteindre l'excellence
- Excellent(e) avec les chiffres, les analyses, les opérations
- Tire du plaisir à résoudre des problèmes
- Aime parler en profondeur des problèmes
- Prend plaisir à travailler seul(e) dans toute tâche qui lui est confiée
- Suit toujours les directives et les règlements qui lui sont donnés
- A une vie avec peu d'expériences variées, et tend vers la routine
- Rapide dans ses consultations

Comment Convaincre une Personne Analytique

- La personne analytique ne prend pas de décision instantanément! Elle a besoin de nombreux détails, preuves, chiffres, et toujours de logique.

- Elle a besoin de beaucoup de temps pour prendre une décision, donc vous devez lui donner l'opportunité et le temps de réfléchir.
- Soyez prêt(e) à entrer dans les moindres détails.
- Une discussion avec une personne analytique peut durer plus d'une heure.
- Faites attention à ne pas utiliser un langage vague de vendeur, qui n'a pas beaucoup de sens pour elle.
- Vous devez lui démontrer précisément combien vous réduirez les dépenses si vous affirmez que le produit diminue les coûts.
- Vous ne devez pas la presser à prendre une décision immédiatement; au contraire, offrez-lui la possibilité de réfléchir: (Monsieur, Madame, je pense que vous avez besoin de temps pour réfléchir à cela, voici mon numéro, appelez-moi à tout moment).

Connaissez-vous quelqu'un autour de vous qui a cette personnalité? Essayez d'y penser maintenant. Je ne sais pas pourquoi, mais chaque fois que je pense à ce caractère, une image me vient à l'esprit: celle de quelqu'un portant un t-shirt à rayures, des lunettes, des cheveux sans coiffure particulière mais soignés. Cette personne marche plus lentement que les autres, passe souvent ses nuits à regarder la télévision, en particulier les informations, tout en payant les factures d'électricité et d'eau, et elle est toujours ponctuelle. Et vous?

Les Principaux Traits de la Personne Sociable

- Prend plaisir aux relations sociales.
- Aime être entouré(e) d'autres personnes.
- Aime profiter des choses et se rendre fascinant(e) aux yeux des autres.
- Aime s'amuser.
- A tendance à exagérer et généraliser dans ses discours.
- Bavard(e) et vit l'instant présent.
- Mauvais(e) dans la gestion des détails.
- Se déplace dans toutes les directions.
- Passe de longs moments au téléphone.
- Agit en fonction de ses sensations.
- Excellent(e) dans les relations publiques, l'accueil et le service client.
- Parfois, on le/la trouve comme dirigeant(e) d'une entreprise ou leader d'un groupe; cependant, il/elle n'est pas aussi

compétent(e) qu'un leader, car ses décisions sont prises sur la base de ses sentiments et non de la logique.

Comment Encourager une Personne Sociable

Voici la méthode :

- Encourager une personne sociable est facile, mais cela peut prendre du temps.
- Il/elle ne se soucie pas vraiment du temps, de toute façon.
- Il/elle a besoin de savoir que ce que vous proposez sera approuvé par son groupe ou ses amis.
- Il/elle veut que vous vous concentriez sur la valeur de ce que vous offrez et sur l'effet que cela aura sur son image sociale.
- Vous devez lui donner des exemples d'autres personnes comme lui/elle qui utilisent ce que vous proposez ou font ce qu'il/elle ferait.
- Puisqu'il/elle se lassera rapidement, ne perdez pas son temps avec des détails.
- Concentrez-vous davantage sur les émotions agréables qu'il/elle ressentira s'il/elle utilise votre produit, concept ou offre. Faites-lui imaginer et visualiser cela. Vous constaterez qu'il/elle est plus enclin(e) à imaginer que d'autres groupes.

- Mettez l'accent sur des mots comme amusant, agréable, intéressant, excitant, et intégrez-les avec exposition directe.
- Ne lui laissez pas le temps de réfléchir, car il/elle ne mesure pas vraiment la valeur du temps. Placez-le/la dans un état émotionnel agréable, associez cela à ce que vous voulez obtenir, puis demandez-lui de prendre une décision immédiatement.

Maintenant, imaginez cette personne et associez-la à quelqu'un que vous connaissez ayant ces qualités. Contactez-le/la maintenant et proposez-lui une tasse de café ce soir. Préparez une idée ou un concept que vous voulez partager, et tentez de le/la persuader aujourd'hui en utilisant la méthode ci-dessus, simple! N'est-ce pas?

Maintenant, supposons que vous l'appeliez pour le convaincre par téléphone. Préparez ce que vous diriez en utilisant les points mentionnés ci-dessus. Soyez constant dans votre approche.

Les Principaux Traits de la Personnalité Amicale

- Fermement ancré(e) dans ses émotions.
- Rationnel(le).
- Tout le monde l'apprécie pour ses bonnes mœurs et ses relations amicales avec tout le monde.

- Paisible et aime rester dans une relation stable.
- Agit en fonction de ses émotions en tant que personne amicale.
- Ne blesse pas les sentiments des autres et ne pense pas que les autres pourraient blesser ses sentiments.
- Sincère dans ses émotions et croit ce que les autres expriment sur leurs sentiments.
- Préfère rester dans le statu quo et n'aime pas le changement.
- Excellente oreille attentive; il/elle est d'accord avec les autres, même s'il/elle n'est pas convaincu(e) par ce qu'ils disent.
- Tout le monde cherche son aide et ses conseils dans les moments difficiles et les problèmes pour discuter avec lui/elle.
- Ne prend jamais de risques dans ses décisions.
- Trouve difficile de dire *"oui"* ou *"non"* clairement.
- N'aime pas les disputes ni les discussions.
- Est le/la plus lent(e) à prendre une décision.
- Est le/la plus loyal(e) de tous les groupes.

Comment Persuader une Personne Amicale

Voici la méthode:
- Sur la base des caractéristiques essentielles mentionnées plus haut, il est clair que ce type de personne est le plus difficile à convaincre.
- Honnêtement, tout le processus peut être amusant et vous donne l'impression d'avoir mérité votre succès lorsque vous réussissez enfin à convaincre une personne de ce groupe.
- Parler avec lui/elle de manière trop excitante ou en entrant dans les détails fait échouer le processus immédiatement; évitez donc cela.
- Parce qu'il/elle respectera cela et acceptera rapidement votre relation, vous devez d'abord développer une relation avec lui/elle (et ce n'est pas difficile!).
- Vous devez lui donner l'impression qu'il/elle prend la meilleure décision.
- Vous devez lui dire à plusieurs reprises: *"Vous avez pris la meilleure décision"*, au moins cinq à dix fois, mais de manière subtile et indirecte.
- Il/elle doit se sentir que vous êtes un(e) ami(e) pour pouvoir vous accepter.

- Vous pouvez facilement le/la convaincre par l'embarras, car il/elle trouve difficile de refuser des demandes; cependant, dans ce cas, vous obtiendrez un *"oui"* mais vous le/la perdrez définitivement. Évitez donc cette méthode.
- Toutefois, dans un cas précis, comme lorsque vous lui demandez par téléphone de fixer un rendez-vous, il est acceptable de l'embarrasser et de répéter la demande jusqu'à ce qu'il/elle accepte. Une fois que vous l'avez convaincu(e), commencez par développer une relation avant d'exposer ce que vous souhaitez qu'il/elle accepte.

Et vous? Êtes-vous un leader ou une personne analytique?

Vous souvenez-vous du nombre de vos réunions avec d'autres, et des erreurs qui s'y sont produites? Par exemple, avant d'apprendre cela, je pensais être un mélange entre un leader et une personne analytique.

Comment ai-je su? Maintenant, je me souviens de quelques réunions et discussions avec une personne amicale, mais je ne savais pas comment m'y prendre.

Pouvez-vous imaginer comment se déroulait la discussion? Je voulais qu'il/elle prenne une décision immédiatement, j'insistais avec des arguments logiques et des informations, et c'était comme si je lui donnais des ordres plutôt que de demander poliment.

Pouvez-vous imaginer pourquoi je n'obtenais pas de *"oui"*?

Maintenant, réfléchissez.

Souvenez-vous de quelques discussions avec vos amis, vos parents ou votre conjoint(e). Leur parliez-vous en utilisant leurs méthodes ou en suivant votre propre style? Voyez-vous maintenant la différence?

La plupart des informations vont occuper votre esprit lorsque vous parlerez avec d'autres et tenterez de les placer dans l'un des groupes. C'est pourquoi vous devez suivre une méthode utile et nécessaire sans perdre de temps. Bien que seulement 10% des cas appartiennent au « meilleur » groupe, réduire les possibilités de quatre à deux ou trois groupes vous mettra sur la bonne voie. Vous en apprendrez davantage en le pratiquant plusieurs fois! Nous devons réduire les possibilités dès le départ.

Quand je rencontre quelqu'un dont je ne connais pas le groupe, je commence par lui demander de prendre une décision qui n'a rien à voir avec ce que je vais lui dire ensuite:

Que voulez-vous boire (nous sommes dans un café)?

Sa réponse:

1. *"Qu'en pensez-vous?"* (Sociable ou amical).
2. *"J'ai envie de jus d'orange"* (choix basé sur les émotions: amical ou non amical).
3. *"Le café est le meilleur choix dans cette liste"*, puis il/elle ferme le menu après un rapide coup d'œil (leader).
4. *"Le café est le meilleur choix"*, mais il/elle lit la plupart du menu (analytique).
5. Il/elle ne regarde pas le menu et a déjà décidé (leader).
6. Il/elle prend beaucoup de temps (analytique-amical).
7. *"Je ne sais pas, je n'ai jamais essayé le jus d'ananas ici, mais j'ai peur qu'il soit mauvais, alors je vais prendre du café turc comme la dernière fois"* (analytique ou amical).

Ainsi, ces 10% ici, 5% là-bas réduiront vos possibilités. En ajoutant ce que nous apprenons du langage corporel et d'autres techniques ou signaux, vous réduirez vos chances d'erreur à 10% et obtiendrez une réponse appropriée.

Cependant, faites attention: chaque individu possède un peu de toutes ces caractéristiques, et vous devez identifier quand et où il/elle appartient à tel ou tel groupe. Vous devez commencer dès maintenant, en mélangeant des techniques avec cette personne.

Par exemple, imaginez que vous vouliez me convaincre maintenant en m'envoyant un message sur un site ou un e-mail pour me demander une session gratuite sur les codes secrets rien que pour vous! Vous devez combiner des approches adaptées aux leaders et aux amis, susciter mon intérêt, ne pas perdre mon temps, me pousser à prendre une décision avec prudence et utiliser une logique solide.

Maintenant, écrivez-moi un message, utilisez ces méthodes, et persuadez-moi de vous offrir une formation privée gratuite sur les codes secrets. Envoyez-le-moi quand vous serez prêt(e).

CHAPITRE HUIT

Établir des Limites pour Ne Pas Être Manipulé

À ce stade, vous devez être en mesure de comprendre l'importance d'établir des limites pour favoriser la croissance personnelle et relationnelle. Beaucoup de personnes ont du mal à établir et à maintenir des limites en raison de certaines idées reçues. Par crainte des répercussions que de telles limites pourraient avoir sur leurs valeurs et leur mode de vie, elles hésitent à les mettre en place.

Par exemple, certaines personnes redoutent de perdre tous leurs amis si leurs limites semblent trop strictes ou irréalistes. Il est essentiel de surmonter les mythes courants sur les limites et d'accepter la réalité afin de les établir efficacement.

Idée fausse #1: Je risque de paraître égocentrique si je fixe des limites.

Cette idée fausse ou objection est souvent soulevée par des personnes qui craignent d'être perçues comme égoïstes ou autocentrées lorsqu'elles imposent des limites. Beaucoup ont peur d'être accusés de ne pas se soucier des autres lorsqu'ils établissent des frontières. Ainsi, ils évitent d'imposer des limites, même lorsque cela les affecte négativement. En réalité, fixer des limites ne signifie pas être égoïste. Cela vous permet de prendre soin des autres tout en vous protégeant de l'épuisement. Les individus qui fixent des limites sont souvent les plus attentionnés, car ils comprennent que protéger leurs besoins leur donne l'énergie et le temps nécessaires pour répondre aux besoins des autres.

Nos besoins, désirs et égoïsmes se concentrent uniquement sur ce que nous voulons, tandis que les frontières prennent en compte nos véritables besoins. Si nous nous concentrons uniquement sur nos désirs, nous risquons de perdre l'équilibre, alors qu'imposer des limites saines nous permet de poursuivre nos objectifs sans sacrifier notre bien-être.

Idée fausse #2: Les limites sont des signes de désobéissance ou d'insoumission.

Beaucoup de personnes craignent que fixer des limites ne soit perçu comme un signe de rébellion ou de manque de soumission par leurs partenaires, collègues, amis ou supérieurs. Certaines pensent que dire

"Non" à quelque chose de bien revient à paraître indifférent. Par conséquent, elles participent à toutes les activités sociales ou acceptent toutes les demandes, même lorsque cela n'a aucune valeur spirituelle ou psychologique pour elles.

Faire des choses pour lesquelles votre cœur n'est pas impliqué revient à gaspiller votre temps et à essayer de plaire aux autres. Fixer des limites vous permet d'éviter de trop en faire et de rester fidèle à vos priorités. Dire *"Non"* lorsque c'est nécessaire ne fait pas de vous une personne insensible, mais plutôt une personne honnête avec ses capacités et ses besoins.

Idée fausse #3: Fixer des limites signifie que je suis toujours en colère.

Pour de nombreux novices qui commencent à poser des limites, ils peuvent se rendre compte qu'ils commencent soudainement à dire la vérité et à assumer la responsabilité de toutes leurs actions. Ces personnes peuvent avoir l'impression qu'une sorte de *"nuage de colère"* les entoure, surtout lorsqu'elles prennent conscience des endroits où leurs limites sont violées. Lorsque vous commencez à fixer des limites, vous pourriez craindre d'être facilement offensé, ce qui pourrait vous perturber. C'est simplement l'une des étapes essentielles que vous pourriez traverser au début du processus; cependant, vous la surmonterez lorsque les autres commenceront à comprendre vos principes.

Les limites ne provoquent pas la colère en nous; toutefois, si vous considérez la limite fixée comme la source de votre passion, alors vous interprétez mal vos émotions. Vos émotions doivent être des signaux qui vous alertent sur quelque chose: par exemple, votre peur doit vous avertir de vous éloigner d'une situation dangereuse, tandis que la colère doit vous inciter à affronter un risque imminent.

Vous devez vous rappeler qu'une situation de colère est un avertissement que vous êtes en danger imminent d'être attaqué ou blessé. Pour cette raison, la colère doit être considérée comme une indication positive que vous risquez d'être manipulé ou que vos limites risquent d'être franchies. Alors que votre inquiétude pourrait vous inciter à vous retirer d'une situation, la colère vous aidera à avancer et à défendre vos frontières.

Il n'y a aucune raison d'avoir peur lorsque vos limites sont franchies; au contraire, la colère devrait vous permettre, non pas d'être violent, mais d'agir de manière appropriée pour informer l'auteur d'arrêter de transgresser vos limites. Ne laissez pas simplement votre colère exploser; apprenez plutôt à défendre ce qui vous appartient de manière plus appropriée, sans afficher de sentiments négatifs.

Idée fausse #4: Lorsque je commence à établir des limites, je pourrais être blessé par les autres.

Lorsque vous établissez des limites avec des personnes qui ne respectent pas les contraintes, cela devient souvent compliqué. En effet, beaucoup de gens n'apprécient pas que nous exprimions nos arguments et points de vue, et ils peuvent réagir brusquement ou simplement cesser de chercher à se connecter avec nous. Cependant, cela ne signifie pas que vous devez toujours traiter ces personnes avec douceur parce qu'elles ne respectent pas vos limites. Vous ne devriez pas fuir la vérité, car ceux qui apprécient la réalité chercheront rapidement à s'associer à vous. Il est préférable d'être apprécié par des personnes qui respectent la vérité plutôt que d'être détesté par beaucoup qui souhaitent vous oppresser et tirer avantage de vous.

Posez-vous la question: et si la personne qui vous en veut pour vos limites est votre conjoint(e)? Allez-vous alors renoncer à établir des limites simplement pour maintenir la paix dans votre relation? Ou allez-vous simplement tolérer ses mauvais comportements, le laisser violer vos limites et finir par vous abandonner de toute façon? Si vous hésitez par peur pour la survie de votre relation et continuez à permettre à votre partenaire de vous maltraiter, alors vous pourriez ne pas avoir le courage d'établir des limites. Il est préférable de découvrir le véritable caractère de votre partenaire et de résoudre tous les problèmes fondamentaux plutôt que d'éviter le problème.

Il est fort probable que vous ressentirez de la douleur en établissant des limites; cependant, votre relation pourrait en fin de compte devenir plus profonde.

Idée fausse #5: Lorsque je fixe des limites, je risque de blesser les autres.

Vous pourriez parfois frustrer certaines personnes lorsque vous fixez des limites, en particulier si vous accordez de l'importance à leur bonheur. Voici quelques exemples de situations où fixer des limites pourrait blesser des gens:

- Lorsqu'un ami souhaite emprunter votre voiture alors que vous en avez besoin.
- Lorsqu'on vous sollicite pour organiser un événement social alors que vous êtes épuisé physiquement.
- Lorsqu'un membre de votre famille traverse une situation financière difficile, mais que vous ne pouvez pas lui prêter la

somme demandée, car vous avez aussi des obligations financières à honorer.

La manière dont vous percevez les limites détermine si vous blesserez ou non les autres. Cependant, il n'y a rien de mieux que de connaître la vérité: établir des limites autour de vos biens précieux est la seule façon de les protéger d'être pris, détruits ou piétinés. Si vous fixez des limites pour de mauvaises raisons ou avec de mauvaises intentions, vous risquez de blesser les bonnes personnes. Néanmoins, rappelez-vous que dire *"Non"* pour les bonnes raisons ne blessera pas réellement les autres, même si cela peut causer un certain inconfort et les pousser à chercher ailleurs le même service.

Il n'est pas de votre responsabilité de répondre aux besoins de tout le monde, bien que vous deviez faire tout ce qui est en votre pouvoir pour aider les autres à atteindre leurs objectifs (sans pour autant compromettre votre propre bonheur). Vous devriez aider rapidement lorsque vous avez les ressources nécessaires pour le faire, mais il se peut que vous ayez des problèmes plus importants à gérer. Il est donc crucial de résoudre vos priorités avant de vous occuper des besoins des autres.

Parfois, vous pourriez être celui à qui l'on refuse une aide. Pour cette raison, il est essentiel de développer des relations de soutien où vous ne vous sacrifiez pas constamment pour les autres.

Idée fausse #6: Les limites peuvent être difficiles à accepter.

Certaines personnes hésitent à établir des limites en raison des mauvaises expériences qu'elles ont vécues par le passé avec les frontières qui leur ont été imposées. Accepter les limites fixées par les autres peut être désagréable. Étant donné que personne n'aime être rejeté, vous devez préparer votre esprit à recevoir des réponses négatives lorsque vous dépassez les limites fixées par autrui. Vous pourriez vous demander, pourquoi est-il difficile pour les gens d'accepter des limites?

- Pendant votre jeunesse, vous avez peut-être été blessé par certaines limites inappropriées imposées par d'autres. Par exemple, lorsque les parents établissent des frontières autour de leurs enfants, ces derniers peuvent ressentir un certain rejet, et ce sentiment peut les suivre à l'âge adulte, où ils se sentent souvent exclus lorsqu'on leur dit *"non"*. La bonne nouvelle, c'est que les blessures du passé n'ont pas besoin de rester gravées dans votre mémoire si vous apprenez à accepter les limites des autres.

- Les individus gravement blessés par des limites durant leur enfance essaient souvent de fuir cette douleur en imposant les mêmes restrictions aux autres. Cependant, imposer des limites à d'autres ne peut pas devenir un moyen d'exprimer votre ressentiment, car les gens s'éloigneront simplement de vous pour de bonnes raisons. Ne projetez jamais vos anciennes émotions sur les limites fixées pour vos enfants, amis, collègues ou autres personnes autour de vous.

- L'incapacité d'accepter les limites, notamment dans votre vie conjugale, peut parfois être liée à vos propres objectifs ou intentions, comme l'infidélité envers votre partenaire. Si votre satisfaction émotionnelle dépend toujours du fait que votre conjoint soit constamment à vos côtés, alors il y a quelque chose qui ne va pas dans la relation, car vous êtes le seul à fixer des limites.

- Ne pas accepter les limites peut également indiquer un problème dans la prise de responsabilité. Souvent, beaucoup de gens sont habitués à compter sur les autres pour les sauver des problèmes qu'ils ont eux-mêmes délibérément causés. Ces personnes croient que la responsabilité de leur bien-être repose sur les épaules des autres, et se sentent donc déçues lorsque leurs attentes ne sont pas satisfaites. Apprendre à assumer la responsabilité de sa propre vie permet de renforcer sa confiance et d'accepter plus facilement les limites des autres.

Idée fausse #7: Les limites peuvent engendrer un sentiment de culpabilité.

C'est une autre idée reçue que beaucoup de gens ont du mal à comprendre, car le sentiment de responsabilité peut devenir un obstacle à l'établissement de limites pourtant avantageuses. Il est difficile de dire non à quelqu'un qui nous a aidés dans le passé, que ce soit financièrement, par des efforts ou par du temps. Tout ce que vous devez faire, c'est exprimer votre gratitude pour ce qu'il a fait pour vous, au lieu de renoncer à fixer des limites.

Beaucoup ne se sentent pas à l'aise de recevoir des cadeaux parce qu'ils pensent qu'ils devront un jour rendre la pareille. Certains refusent même d'accepter des cadeaux pour ne pas se préoccuper d'avoir à rembourser plus tard.

Certaines personnes ne donnent pas de manière désintéressée, mais plutôt avec des intentions futures. Vous pouvez différencier ces individus par la manière dont ils réagissent après vos remerciements. Les généreux altruistes n'attendent pas même de remerciements, car ils ne souhaitent rien en retour. Si la personne qui vous a fait une faveur est outrée ou contrariée, elle considère probablement ce geste comme un investissement. Si votre gratitude suffit, alors elle ne souhaite probablement rien en retour.

La question de la gratitude et des limites doit être séparée, car fixer des limites ne devrait pas annuler le sentiment de reconnaissance. Ainsi, cette idée reçue n'a aucune validité.

Idée fausse #8: Les limites me sépareront des autres.

Beaucoup de gens ont peur de fixer des limites personnelles parce qu'ils craignent de devenir des parias sociaux ou d'apparaître différents des autres. Ces personnes ont tendance à éviter tout ce qui pourrait les faire paraître différentes de tout le monde. Vous devez comprendre que suivre la foule en permanence vous privera de votre unicité, même si cela vous rend différent des autres.

Vous devez savoir que vous avez un libre arbitre et une responsabilité envers vous-même et envers ceux qui vous sont confiés. Ainsi, vous devez fixer des limites pour protéger tout ce qui vous est précieux. Vous devez choisir les options que vous souhaitez pour votre vie, et vous n'avez pas besoin de devenir une marionnette pour quelqu'un qui s'attend à ce que vous soyez toujours disponible. Votre relation avec la foule doit avoir une limite; vos frontières doivent donc être totalement sous votre contrôle.

Lorsque vous voyez que vos limites seront respectées, vous pouvez ajuster vos frontières (par exemple, les rendre moins strictes). Les limites vous rendront différent, et lorsque les autres verront à quel point vous faites les choses différemment, ils finiront par apprendre à se démarquer de vous et à vous respecter.

Idée fausse #9: Les limites deviendront permanentes et pourraient créer un fossé durable entre moi et les autres.

Ne vous laissez pas tromper: il n'existe pas de limites permanentes, car les circonstances changent et vous devez vous adapter en conséquence. Beaucoup de gens pensent qu'une fois les limites établies, elles ne peuvent jamais être supprimées; ils croient que ces limites créeront un espace permanent entre eux, leurs amis, leur famille et leurs collègues. Vous devez apprendre à ajuster vos limites en fonction des réalités et des situations actuelles, afin de ne pas sembler être une personne difficile.

Les limites ne sont pas conçues pour éliminer la proximité; au contraire, elles renforcent les liens et augmentent les responsabilités.

Les limites favorisent la maturité du caractère et aident à bâtir le type de proximité que nous méritons en tant qu'êtres humains. Naturellement, les personnes immatures voudront s'éloigner de nous lorsque nous établissons des limites, mais elles reviennent à la raison lorsqu'elles comprennent la véritable signification de ces limites.

Toutes les idées fausses mentionnées ci-dessus doivent être considérées comme de simples malentendus. Des limites bien pensées vous aideront à vous affirmer et à dire Non aux comportements irréfléchis.

Frontières personnelles: Problèmes courants auxquels vous pourriez être confronté.

Les frontières, en particulier lorsqu'elles permettent à une personne d'accéder à la liberté et au développement souhaités. Établir des limites est difficile, tout comme respecter ces limites est encore plus complexe. Il est essentiel de se rappeler que l'objectif de fixer des limites est de vous protéger des mauvaises influences. Il existe plusieurs façons d'expliquer les problèmes liés à l'établissement et au respect des frontières; en voici quelques-unes:

1. Respecter les frontières peut simplement signifier dire *"Oui"* aux mauvaises choses. Cela implique également que la personne fixant les limites pourrait échouer à les maintenir et continuer à se sentir coupable d'être contrôlée par les autres.

2. Éviter les frontiers peut simplement signifier dire *"Non"* aux bonnes choses. La personne évitante pourrait choisir de fermer la porte à son amour et à son affection pour les autres.

3. Ne pas rester sous contrôle signifie simplement échouer à reconnaître le *"Non"* des autres. Dans ce cas, le contrôleur fera tout son possible pour briser les frontières fixées par les autres par des moyens manipulatoires ou agressifs.

4. L'absence de réceptivité aux limites signifie simplement que la personne non réceptive n'est pas capable d'aimer les autres. Ces personnes ne perçoivent pas les besoins et les désirs des autres; ainsi, elles manquent de responsabilité dans le soin et l'aide qu'elles devraient apporter.

Vous n'avez pas besoin d'accepter tout ce qui vous est imposé; sinon, vous finirez par porter les fardeaux des autres. Les contrôleurs, quant à eux, veulent que les autres portent leurs problèmes. Les évitants voudront souvent supporter seuls leurs soucis, car ils donnent l'impression de ne pas avoir besoin d'aide. Enfin, les personnes non réceptives refuseront naturellement d'aider les autres, même lorsque leurs préoccupations deviennent insoutenables.

Il existe quatre principaux problèmes liés aux limites personnelles, et certaines personnes peuvent rencontrer des difficultés dans plusieurs de ces domaines simultanément.

Les problèmes liés aux limites sont:

- La conformité
- L'évitement
- Le contrôle des autres
- L'absence de réceptivité.

La conformité: un problème important dans l'établissement des frontières.

La conformité est la principale et la plus importante des questions traitées par les personnes en dehors des limites qui leur sont fixées.

L'accord est souvent le problème le plus difficile à gérer en matière de limites. La conformité à la limite est difficile, car il est difficile de dire non aux autres. Nous vivons dans un monde conflictuel, et si nous n'apprenons pas à dire des mots comme *"Je ne suis pas d'accord"*, *"Ça fait mal"* et *"C'est incorrect"*, il peut être difficile de survivre dans ce monde malveillant. Beaucoup de femmes sont élevées pour être loyales et soumises, et ce faisant, elles croient être inférieures aux hommes. Ceux qui se conforment aux limites se laissent souvent influencer par les exigences des autres afin d'éviter les conflits, ce qui peut les amener à être soumis à des personnes manipulatrices et contrôlantes. Ce n'est pas idéal pour faire face à une situation violente. Lorsque vous n'êtes pas soumis, vous pouvez influencer l'autre personne à changer ses façons de faire et accepter la réalité.

La conformité, en tant que problème lié à l'établissement des limites, peut se produire pour plusieurs raisons, parmi lesquelles:

- La peur de blesser les sentiments des autres
- La peur de perdre une amitié ou d'être abandonné
- La peur d'être puni en raison de la colère des autres
- La peur d'être étiqueté comme *"Égoïste"*
- Le sentiment de culpabilité

Être trop critique vis-à-vis de son propre jugement peut amener une personne à se livrer à des actes d'autocritique, et la conscience de beaucoup de gens est si faible qu'ils finissent par être facilement manipulés. Les plaintes sont simplement instables; par conséquent, vous ne pouvez pas compter sur elles pour prendre une décision à long terme.

Évitement: un problème dans l'établissement des limites

L'établissement des limites aide à tenir le mal à distance et nous permet également d'accueillir le bien. Certaines personnes semblent avoir des problèmes avec ce concept, car elles ont érigé leurs limites comme des murs, sécurisant les frontières où rien n'est permis; cela signifie que personne ne peut s'approcher d'elles pour le bien, et cela pourrait être un désastre.

Les personnes évitantes qui établissent des limites de manière intentionnelle effraient ceux qui souhaitent s'approcher d'elles et prendre soin d'elles. Les personnes qui ont des problèmes d'évitement dans l'établissement des limites chercheront constamment à éviter les autres afin de ne pas révéler leurs besoins. Les évitants désirent profondément que quelqu'un vienne à leur secours, mais le mur qu'ils ont construit autour d'eux est trop fort. Certaines personnes peuvent également dire que leurs problèmes ne peuvent pas être comparés à ceux des autres, et souhaitent donc résoudre leurs problèmes par eux-mêmes.

Beaucoup d'hommes essaient souvent d'ignorer leurs besoins émotionnels parce qu'ils veulent préserver une image d'indépendance vis-à-vis des autres; ils déclarent vouloir ou avoir besoin de tout, alors qu'ils sont vides à l'intérieur. Les hommes ne veulent pas être perçus comme faibles. Certaines personnes qui tentent d'éviter les conflits sont constamment épuisées par le remords d'avoir permis aux autres de les utiliser à des fins égoïstes; ainsi, elles perdent constamment de l'énergie sans rien recevoir en retour.

Contrôle: un problème dans l'établissement des limites

Établir des limites peut être difficile et compliqué; cependant, cela devient plus facile lorsque les gens respectent ces limites. Certaines personnes veulent toujours avoir le contrôle sur les autres, et lorsque nous disons Non, elles ne voient cela que comme un obstacle pour changer notre avis — par exemple, les commerciaux et les personnes du marché, hommes et femmes, veulent toujours convaincre les autres d'acheter leurs produits. Les contrôleurs auront toujours des problèmes à respecter les limites imposées par les autres. Les contrôleurs essaieront d'utiliser de nombreuses façons pour amener les autres à porter leurs fardeaux, et ils se présentent sous deux formes:

- Contrôleurs agressifs
- Contrôleurs manipulateurs

Les contrôleurs agressifs sont les personnes les plus gênantes car ils ne se soucient pas des limites des autres. Ils veulent simplement que le monde entier soit de leur côté une fois qu'ils ont pris une décision. Ils veulent toujours avoir le dernier mot et ignorent constamment leur responsabilité, comptant sur les autres pour les gérer. Les fanatiques religieux sont de bons exemples de contrôleurs agressifs qui ne respectent pas les limites des autres, mais qui veulent imposer leurs croyances et idées aux autres. Parfois, nous pouvons apprécier certaines qualités de ces contrôleurs agressifs, surtout lorsqu'ils utilisent ces caractéristiques de manière significative.

Les contrôleurs manipulateurs reconnaissent les limites des autres dans une certaine mesure. Ils essaieront de tout faire pour persuader les autres de renoncer à leurs limites, afin de rejeter leur désir de contrôler les autres, même si leur dernier recours est d'attirer l'attention et d'exercer un contrôle sur les autres pour leurs intérêts égoïstes.

La plupart des contrôleurs finissent souvent isolés, mais cela ne signifie pas qu'ils n'ont pas de gens autour d'eux; cependant, ils ne savent pas si les personnes autour d'eux restent par crainte ou dépendance. Si vous êtes un contrôleur qui veut manipuler les autres, vous devez affronter votre peur en abandonnant votre contrôle sur les autres. Sinon, vous risquez de perdre du respect, et vos limites pourraient être violées lorsque vous enfreignez celles des autres.

Les plaintes et les évitants peuvent également être des contrôleurs en même temps, mais ils disent clairement quelles sont leurs limites.

Une insensibilité: un problème dans l'établissement des limites

L'insensibilité explique un état d'esprit où certaines personnes vivent leur vie sans se soucier du bien-être des autres autour d'elles.

Les personnes insensibles croient que la vie est compliquée et que chacun doit gérer ses propres affaires. Les personnes insensibles semblent souvent indifférentes aux événements qui se déroulent autour d'elles, tant qu'elles accomplissent ce qu'elles veulent. Bien que l'insensibilité puisse prospérer lorsqu'il s'agit de fixer des limites dans le monde des affaires, un manque de sensibilité dans une relation conjugale est un cas différent. Cela fait que l'autre partenaire semble froid, ce qui peut entraîner la rupture de la relation.

Les personnes insensibles rejetteront naturellement les besoins des autres lorsqu'elles expriment de telles conditions, et pour les personnes insensibles, les besoins ne sont que des distractions et rien de plus.

Les personnes insensibles pensent qu'elles ne sont pas responsables de la manière dont les autres vivent leur vie, et elles ne ressentent pas le besoin d'être connectées aux personnes autour d'elles ou même de les aider à porter une partie de leurs responsabilités.

L'insensibilité dans l'établissement des limites peut devenir encore plus compliquée lorsque les personnes impliquées adoptent également un comportement de contrôle agressif ou manipulateur.

Les personnes insensibles et contrôlantes à la fois ne voient jamais au-delà d'elles-mêmes. Cependant, ces personnes ont souvent du mal à sortir de leurs problèmes, car il n'y a peut-être personne pour venir les aider en raison de leur mode de vie séparé.

L'incomplétude est généralement la caractéristique la plus frappante des personnes qui manifestent un comportement insensible lorsqu'elles fixent leurs limites; elles peuvent sembler heureuses avec ce qu'elles ont alors qu'elles sont vides (manque de bonheur intérieur).

Il est nécessaire de commencer à traiter les problèmes liés à la fixation des limites dès qu'ils commencent à apparaître. Cela aidera à identifier les domaines où vous aurez besoin d'aide, et vous ne vous isolerez pas simplement parce que vous avez construit un mur autour de vous. Plus vous fixez de limites, plus vous risquez de rencontrer de problèmes. Il est donc recommandé de garder les limites à un nombre gérable à la fois, afin de pouvoir rapidement identifier les violateurs et ajuster les limites de manière réaliste. Dans ce cas, vous pourriez avoir besoin d'une évaluation régulière des performances ou des effets des limites que vous avez fixées.

CONCLUSION

La mise en place et le respect des limites personnelles constituent un voyage complexe mais enrichissant. Ce livre a exploré les défis, les malentendus et les opportunités qui se présentent lorsque vous décidez de tracer des frontières pour protéger votre bien-être et favoriser des relations équilibrées. Il est essentiel de se rappeler que les limites ne sont pas des murs, mais des passerelles qui permettent une compréhension mutuelle et un respect authentique.

En apprenant à dire *"non"* sans culpabilité, à reconnaître vos propres besoins et à respecter ceux des autres, vous cultivez un espace où votre individualité peut s'épanouir. Vous découvrez également que les limites sont flexibles et peuvent évoluer en fonction des circonstances, renforçant ainsi votre capacité à naviguer dans un monde en constante évolution.

Ce processus n'est pas sans douleur. Il peut susciter des conflits, remettre en question des dynamiques établies et exiger un effort conscient pour dépasser des comportements appris. Cependant, chaque étape franchie vers l'établissement de limites saines vous rapproche d'une vie plus équilibrée et épanouissante.

En fin de compte, les limites personnelles sont un acte de bienveillance envers vous-même et envers les autres. Elles favorisent des relations fondées sur la compréhension, l'empathie et le respect mutuel. Que ce livre soit un guide pour vous aider à embrasser ce processus avec courage et détermination. Vous méritez de vivre une vie où vos valeurs, vos besoins et vos aspirations sont pleinement honorés.